U0621996

教学与学习的新思维

郭方玲 著

九州出版社
JIUZHOUPRESS

图书在版编目（CIP）数据

教学与学习的新思维 / 郭方玲著. -- 北京 ：九州出版社，2021.6
ISBN 978-7-5225-0257-1

Ⅰ．①教… Ⅱ．①郭… Ⅲ．①课堂教学－教学研究
Ⅳ．①G424.21

中国版本图书馆CIP数据核字(2021)第130353号

教学与学习的新思维

作　　者	郭方玲 著
责任编辑	李　荣
出版发行	九州出版社
地　　址	北京市西城区阜外大街甲 35 号（100037）
发行电话	(010)68992190/3/5/6
网　　址	www.jiuzhoupress.com
印　　刷	北京旺都印务有限公司
开　　本	710 毫米 ×1000 毫米　16 开
印　　张	12.25
字　　数	200 千字
版　　次	2021 年 7 月第 1 版
印　　次	2021 年 7 月第 1 次印刷
书　　号	ISBN 978-7-5225-0257-1
定　　价	78.00 元

序

　　教学活动是教育工作者必须精心规划、妥善设计，透过专业知识与专门知识的融合，使教学设计付诸实现，以达成预期目标的专业活动。因为，教学是学校教育的核心，透过教师教学活动的开展，有助于落实学校教育的目标；透过教学活动的实施，可以引导学生往预期的目标发展。教学活动同时是一种科学与艺术的结合，教学的科学是一种追求真实、系统化、组织化、客观性高的活动；教学的艺术在于追求主观意识的美，在于使个体达到赏心悦目，达成艺术求真、求善、求美的最高境界。

　　近年来，教育行政部门推动一系列教育改革，从新一轮基础教育课程改革的政策制定与开展，到学校课程的更新与实施，都引起学校行政领导者、教育工作者、教学工作者、关心教育工作者相当大的关注，希望透过教育改革的推动，提供学校教育一个新的契机、新的展望，期盼可以透过教育改革，更新教师的教学专业能力，提升学生的学习成效。然而，教育改革的关键在于"课程与教学"，课程与教学成功的关键在于"教师的教学活动"，课程与教学成功的根本在于学生学习的改变。鉴于此，本书的撰写和出版，希望可以分析教学与学习的"过去、现在、未来"，透过"理论、方法、策略"的相互运用与验证，提供给教师教学与学习的新思维，引导教师从传统教学中反思教学活动，更新教学模式，提升学生学习成效。

　　本书取名"教学与学习的新思维"的主要用意，在于说明本书中的教学活动是每一位教师在班级教学中必须面对的教学议题，希望透过本书对各种教学议题的分析说明，提供给教师在进行教学活动时参考，从本书的阅读中了解教学与学习可以改变的内容、修正的方法和更新的策略。

本书在内容的构思方面，包括"教学的新思维议题"与"学习的新思维议题"两个重要的层面，主要是以前瞻教学与学习的思维，针对传统教学活动提出针砭意见，结合新的教学与学习理念，研拟可行的教学与学习策略。教学的新思维议题内容，包括适性教学、有效教学、多元文化教学、创意教学；学习的新思维议题，包括社会化学习、自我实现学习、深度学习、高效学习等。每一章节的主要内容系作者多年来对教学实践的观察与思考，通过理论与实际结合的方式，为目前从事教学活动的教师提供优化课堂教学的参考。

希望教师阅读本书后，可以在班级教学中实践相关的教学策略，调整旧有的教学活动，修正传统的教学模式，以渐进方式改变教学方式。

目　录

第一篇　教学的新思维

教学活动包括"教师的教学"与"学生的学习"，传统的教学观念将重点放在教师的教学上，忽略对学生学习成效的重视。因此，教学活动常常被批评为教师一个人唱独角戏，忽略学生的学习活动，不重视学生的学习参与、学习态度、学习质量与学习成就。本篇的重点，除了重视教师的教学，也重视学生的学习，希望透过教学与学习活动的相互讨论，激发出教学的新思维。

本篇的主题定为"教学的新思维"，在内容方面包括适性教学、有效教学、多元文化教学、创意教学等章节，阐释的内容包括教学模式的内涵、教学理论的运用、教学方法的应用、教学策略的拟定、教学评价的演进、教学效能的研究、教学研究的趋势与革新等。希望可以提供给教学工作者一种崭新的思维、清晰的理念，从教室的宁静革命出发，结合传统与现代的教学活动，提升教师教学质量。

第一章　适性教学

适性教学的主要用意在于针对学生的学习性向与学习潜能，提供适应个别差异与个性特征的学习机会和环境，让学生在学习方面拥有"自我实现"和"学习成功"的机会。本章内容说明适性教育的教学应用，提供教师在适性教学方面的可行策略，并透过因材施教、有教无类、人尽其才理念的落实，让教师在教学活动中，重视个别学生的发展，提供因材施教的策略，以激发学生的学习兴趣。

一、教学的品性

人们如果要从事教师职业，开展教学活动，就必须对教学活动的本性有基本的认识和了解。特别在当今教学体系中，尤其需要清醒地把握现代教学活动的品性，这是胜任教师角色和有效提升自身教学水平的重要前提。

我们认为，在现代教学观念中教学活动至少应该具备以下基本品性。

1. 科学性

关于什么是科学，古今中外有许多学者下过多种不同的定义。目前公认的观点：一是知识体系说，即认为科学是关于自然界、社会和思维的知识体系；二是认识活动说，认为科学是对现实世界规律的不断认识过程；三是科学创始人贝尔纳的观点，将科学看作是"一种方法""一种学科建制""一种累积的知识传统"。[①] 我们通常所说的教育学是一门科学，其基本根据就在于教育理论和教学理论具有科学的一般属性。

毫无疑问，作为一项特殊的社会实践活动，教学活动有自身内在的规律。当然，教学规律不是自动呈现的，而是隐藏于教学活动背后，需要人们去认识、揭示和把握的。人类对教学规律的理性探索由来已久，尤其是近现代以来随着赫尔巴特、杜威、皮亚杰、布鲁纳、赞科夫等一大批教育家和心理学家对教学与人的发展问题进行了长期的实验、探索，从而形成了丰富多彩的教学理论及其流派。这些教学理论其实也就是对教学规律的总结和反映，是符合教学内在本性的真理性认识。虽然教学理论本身不像自然科学理论那样具有确定性，但是这并不能否认其应有的科学性。教学理论都内在地反映了教学活动的某些规律，揭示了教学活动的本质特性。虽然教学理论受到自身所处的文化和社会条件制约，因而未必具有普适性，但并不能因此而否认其在特定文化与社会条件下所具有的相对科学性，并且受过相当教育学学科训练的研究者也都能在一定程度上认同这些"科学知识"。可以说，教学理论的科学性是存在的，而不是虚妄的。

在当今教学活动中，教师从事教学活动就要把握教学活动的本质规律，契合教学的规律，体现教学的科学性。既然教学活动是一项科学性活动，那么教师在教学活动中如何才能做到遵循教学规律、保证教学活动的科学性呢？首先，就是要善于学习、理解和掌握既有的教学理论成果。如果没有一定的教学理论修养，没有对教学规律的理性认识和可靠把握，要想把教学活动提高到科学水平是不可能的。其次，教师要善于进行教学反思，走出经验主义的教学方式。虽然感性的教学经验对教学活动具有重要的现实意义，但若停留于教学经验的层面上，缺乏教学理论的指导，教学就很

---

① [法]D.J. 贝尔纳. 历史上的科学 [M]. 北京：科学出版社，1981：6-27.

难达到科学化的水平。如果没有从教学经验到教学理论的升华，没有从感性到理性的跃迁，教学实践就只能在低水平上重复。总之，教师只有善于对自身的教学实践进行自觉反思，特别是在科学认识论和方法论指导下对教学实践做理论上的把握，不断克服和摆脱经验主义的束缚和羁绊，才能不断提升教学的科学化水平。

2. 伦理性

教学活动是为人的和人为的活动，它是为教学活动中的人服务的。毫无疑问，人是教学活动的出发点，也是教学活动的旨归所在。任何教学活动只有从属这一目的才是道德的，才是合乎伦理的。正如康德所言，"人，总之一切理性动物，是作为目的本身而存在的，并不是仅仅作为手段来给某个意志任意使用的，我们必须在他的一切行动中，不管这行动是对他自己的，还是对其他理性动物的，永远把他当作目的看待，人……是客观的目的，也就是说，人之为物，其存在本身就是目的，而且是这样一种目的，这种目的是不能为任何其他目的所代替的，是不能仅仅作为手段为其他目的服务的。"[①]康德的这一思想给我们很重要的启示：真正合乎伦理的教学活动应以提升人性、确证人的存在和价值为目的，否则，教学活动就异化为对人性的束缚和压制，就是不合伦理的。也就是说，教学的伦理性原则，也就是要坚持为人的原则，坚持教学中的人道主义原则。"人道主义"一词来源于拉丁文"humanus"，意指人性的、人道的、文明的。人道主义泛指一切强调人的地位、关心人、爱护人、重视人的价值、维护人的尊严和权利的价值体系。教学中的人道主义原则决不是抽象的、玄虚的，而是有着具体和现实的内容。首先，教学活动必须尊重学生的基本人权，包括尊重学生基本的人身权利、人格权利和社会权利等等。譬如，教师有正当的惩戒权和管教权，但是教师对学生的惩戒和管教必须遵循严格的人道原则，

---

① 北京大学哲学系外国哲学教研室. 西方哲学原著选读（下卷）[M]. 北京：商务印书馆，1982:317 - 318.

不能使用任何形式的不人道或有辱人格尊严的方式，更不能以残害身体的方式对待学生。在课堂教学中，教师不应单纯为了满足个人"权力欲"而采取欺骗、恐吓等方式威逼学生服从；不能为了个人私利，如奖金或其他荣誉而强迫学生死记硬背，将学生当成实现自己利益的手段和工具。其次，教学活动还必须尊重学生基本的学习自由和权利，这也是教学活动人道主义的重要体现。譬如，在课堂教学中，合乎人道的教学行为至少不能阻碍学生的学习积极性，不能打击学生的学习热情，不能不平等地分配给学生学习机会，当然更不能任意剥夺学生独立思考的自由和泯灭学生的问题意识。最后，教学中的人道主义原则，更集中地体现在教师应该尊重学生的合理兴趣、需要，照顾不同学生的个体差异，积极鼓励和保障学生个性的充分发展，进行有差异的教学；同时保障全体学生而不是个别学生的发展，在促进学生全面发展的同时为每一个学生的个性发展创造更好的条件。

当然，在实际的教学活动中可能存在这种情况：人们遵循严格的"科学"原则来展开教学活动，虽然实现了预定的教学目标，却直接损害了学生的全面发展。这往往是由于教学活动偏离了"为人"的宗旨。我们认为，教学活动毕竟是为教学目标服务的，强调教学活动的科学性是非常必要的，但是这种科学性乃是以遵循教学活动的伦理性为前提的。没有合乎伦理的教学目的，无视教学活动为人的和人为的特性，最终就会使教学活动走向"异化"，背离人发展的最终目标，使教学活动丧失应有的科学性。

3. 个性化

教学活动既是一项群体性活动，也是教师的个体活动，是教师独特的生命活动形式。应该承认，教师是教学活动的主体之一。作为教学主体，教师自身应该是有独特思想的人，而不是建筑工人；应该是文人，而不是匠人。不同的生活阅历、智力类型、知识结构、性格气质、兴趣爱好以及所处的环境文化、所面对的学生实际等等因素，决定了任何一个教师都是唯一的、不可重复的，他们所上的课也是唯一的、不可重复的。因此，任何真正的教学活动都具有鲜明的个性化色彩。也就是说，真正合理的教学活动应该体现个性化色彩。实践中，真正优秀的教师多半具有鲜明的教学个性，他们的教学活动具有强烈的"个性"特征，但唯其具有"个性化"，才能有效对抗规范化的侵蚀。大量平庸的教师完全可以很好地遵守教学规范、利用教学技术，但是真正优秀的教师却不可能仅仅因为能遵守这些基本规则和掌握这些教学技术、技艺而成为优秀的教师。正如不犯规的球员并不都是能进球的球员，一个纪律良好的球队也未必是甲级队。

然而，人们往往倾向于夸大教学规范在教学活动中的作用，企图把教学规范看成是凌驾于教学活动之上的。因此，学校管理部门也倾向于制定更多的"教学规范"，从而使教学活动走向规范化。事实上，当前很多学校在某些错误观念指导下忙于制定教学规范的时候，他们似乎逐渐遗忘了教学活动价值评判的真实依据，遗忘了教学活动的本身应具有的个性。教学的规范化、模式化，实际上是传统文化中"大一统"思想对教学个性潜移默化的扼杀；而扼杀了个性，便窒息了教学活动的生命。教学中这种文化专制主义已经严重钳制了学校教师对教学个性的追求，这是我们在考察现实教学规范时必须警惕的。

既然教学活动是一种个性化活动，那么，要体现教学的个性化，最根本的就是要积极培养教师的教学个性。当然，教学个性不是既定的而是生成的，不是自然形成之物而是有意识培育的结果，需要有宽松自由的教学环境，这就离不开教师个人的积极努力。首先，创设宽松的教学环境。教学是一项复杂的工作，需要有计划、有组织地进行，但这并不是说所有的教学活动都要严格遵循既定的程序和确定的方式、方法。实际上，不论人们制订多么严密的教学计划也永远不可能将教学的一切纳入其中。尽管如此"对不可计划之事我们还是可以做出一些计划，那就是创造一个让它得以自由实现的空间。"[①] 所以，重要的不是不要教学计划和规范，而是在确保教学

---

① 雅斯贝尔斯.什么是教育 [M].三联书店 1991 年版，第 24 页.

秩序的同时如何赋予教师一定的教学自主权，为教师个人自由和个性发挥留有必要的空间，营造崇尚教学个性的良好教学氛围。其次，要反对教学平均主义。教学平均主义貌似平等地对待每一个教师及其教学，实际上关注的是抽象的教师，或者说是一般的教师群体，它反对教学个性，反对具有独立性、自主性和创造性的教师。① 毕竟，教学应该是创造性的劳动，需要教师的不断进取，需要教师的独立自主和自我奋斗，也只有这样的教学才能使教师充满自我发展的欲望和激情。因此，在学校教学管理中要特别注意克服教学平均主义的倾向和做法。最后，更重要的是教师的自我提升。马克思指出："任何一个存在物只有当它用自己的双脚站立的时候，才认为自己是独立的，而且只有当它依靠自己而存在的时候，它才是用自己的双脚站立的。"② 可见，教师意识的觉醒是教师确立教学主体性、发展教学个性的关键所在。作为教学的主体，教师应该大胆地展现自己的主体性，自我创造，彰显自己的教学个性，时刻都不忘记只有自己才是教学生活的创造者，教学活动的每一瞬间都需要创造。

4. 创造性

教学是人为的活动，教学活动的主体是教师和学生，而每一位教师和学生都是具有自己鲜明个性和主体性的人，倘若我们承认教学活动是主体自主、自觉和自为的个性化活动，我们就必须承认教学也是一项创造性活动。

今天，教学活动已经不再被视为简单的知识传输和接受过程，而是知识的交流与对话过程。在知识的传递、交流和对话过程中，又伴随着教师和学生思想的呈现、智慧的闪光和灵感的跳跃。同时，教学本身又是一项复杂和丰富多彩的活动，它必须根据不同的教学目标、不同的教学对象和不同的教学内容来进行相应的调整，而不可能采取恒定和统一的教学模式。教学活动的复杂性和丰富性也决定了教师自身必须具有相应的创新思想和

① 徐继存. 教学个性的缺失和培育 [J]. 教育发展研究.
② 马克思、恩格斯. 马克思恩格斯选集（46 卷）[M]. 北京：人民出版社,1979:129.

创新行为，能够根据条件的变化灵活运用恰当的教学组织形式，选择合适的教学方法和教学手段来开展教学活动。毫无疑问，真正的教学活动意味着变化，意味着新异，意味着创新，创造性应该是教学活动追求的重要方面。

教学活动的创造性与教学活动的个性化两者之间有着天然的联系。创造性本身就意味着独特性、新异性和个性化，意味着排斥任何形式的模式化、程式化。失去个性的教学活动不可能是创造性的。当前实践中的"规范化教学"现象，在戕害教师教学个性的同时，更是压制了教学本身应有的创造性。在严格的规范和程序下，当教师失去自己的主体性，隐藏自己的教学个性，严格按照固定的教学程式、步骤和环节来开展教学活动的时候，教学过程实际上只不过是不得不经过和履行的单一阶段和程序了，教学活动因而变得平面、线性、单调和贫乏；当教师只是循规蹈矩，不敢或无力越雷池一步，只能在既定的"原则"和"规范"钳制下忠实地向学生传递既定的课程内容，忠实地遵守预定的教学模式和教学程序的时候，教学就成了"目中无人"的机械性活动，教学活动的创造性就被无情地阉割了，学校犹如工厂，教室犹如车间，师生千人一面，与动物群体极为相似。可见，过于规范化的教学很容易使教学过程的复杂性和丰富性消失殆尽，没有了思想，没有了智慧，没有了灵感和创造，马克思曾非常深刻地说过这样一句话："一窝蜜蜂实质上只是一只蜜蜂，它们都生产同一种东西。"① 因此，要进行创造性的教学，体现教学的创造性，我们就必须彻底反思和批判教学的"规范化"倾向，必须坚决抵制教学实践中"规范"的过渡和泛滥。

既然创造性是教学活动的重要品性，那么教师就不应该被现存的很多不合理规范束缚住手脚，仅仅成为教学规范的忠实执行者，而应该学会通过课堂观察，依据相关教学理论选择适合自身的教学方法、教学模式，形成自己独特的教学行为习惯，成为教学活动的真正主体。

---

① 马克思、恩格斯.马克思恩格斯选集（46卷）[M].北京：人民出版社,1979:46.

二、适性教学概述

适性教学（adaptive teaching）的主要理念是希望教师，既通过对学生个别差异及需求的了解，弹性地调整教学的内容、进度和教学评量的方式，又透过策略与方法的应用，提升学生的学习效果，从教学中引导学生适性的发展。因此，教师应该充分了解适性教学理论，并将其应用于实际课堂中。

（一）适性教学的意涵

一般而言，适性教学所指的适性，是顺应学生的性向学习，或是发展适合学生学习本身和个性的教学。适性教学的发展，强调教学活动的实施，针对学生的个性、潜能、需求和特性等，作为教学活动的参考。要正确认识适性教学，需要注意其与以下几组概念的差别。

1.适性教学和个别教学

个别教学的理念是奠基在一对一的教学模式之上。透过一对一的教学方式，教师可以针对个别学生的学习与成长，考虑教学方法的运用以及教学活动的设计。由于是一对一的个别教学方式，教师可以随时提供学生在教学与辅导方面的协助。适性教学的理念是在教学活动中，教师可以依据个别学生的学习成长情形，提供适合每一位学生的教学策略与方法。透过适性教学的实施，提供学生在学习过程中，立即性的教学协助与支持。因此，适性教学策略的运用，有别于个别教学策略的运用。前者主要在于提供不同学生适性的策略，并且能在团体教学中随时引导学生进行学习活动；个别教学的目的在于提供学生独特、个别的学习方式，引导学生达成学习效果。

2. 适性教学和个别发展

个别发展的重点在于强调个体发展，关注学生不同阶段的需求、兴趣、特性等个别化的发展。尤其在学校教学方面，个别发展重视少数学生在发展上的需要，学习上的需求，针对个别学生进行教学方面的规划设计。而适性教学并非针对个别学生进行教学活动或学习活动，重视在群体中不同个体发展上的需要。

3. 适性教学和传统教学

适性教学和传统教学的差别，在于传统的制度化与填鸭式教学活动的实施。传统教学，一方面未能考虑个别学生之间的学习差异，无法满足学生的学习需求，难以让每一个学生得到良好的学习效果；另一方面无法及时顾及学生的需要，协助学生解决学习上的困难，增加学生的学习参与感。而适性教学可以在教学活动中实施因材施教，充分考虑学生的个别差异，发掘每一位学生的学习优势，提供及时的教学辅导。

（二）适性教学的理论基础

任何教学模式都需要教学理论的支持和导向，适性教学也不例外。最近发展区理论、多元智能理论、最优化教学理论为适性教学的发展提供了深厚的理论基础。

1. 最近发展区理论

苏联心理学家维果茨基（Lev S. Vygotsky）提出了最近发展区（Zone of Proximal Development，ZPD）。维果茨基区分了儿童的两种发展水平——实际发展水平和潜在发展水平。实际发展水平是儿童身上已经成熟的心理机能，是发展的"果实"，其表现是儿童能够独立解决问题。潜在发展水平是尚在形成中的心理机能，是发展的"蓓蕾"或"花朵"，其表现是儿童在成人指导帮助下或与更有能力的同伴合作而解决问题。实际发展水平回溯性地刻画了儿童的心理发展，潜在发展水平则前瞻性地刻画了儿童的心理发展。①

在区分两种心理发展水平的基础上，维果茨基将最近发展区定义为"实际的发展水平与潜在的发展水平之间的差距"。②处在最近发展区的儿童，在与他人的相互作用中，逐渐将体现在社会层面的高级心理机能内化，当他能自己独立执行这种心理机能时，这种机能便成为他的实际发展水平，这时通过再次设定最近发展区并将这一新的最近发展区变为儿童的实际发展水平，如此进行下去，儿童的认知就得到了发展。最近发展区的教学为学生提供了发展的可能性，教和学的相互作用刺激了发展，社会和教育对发展起主导作用。从这个意义上说，维果茨基认为教学"创造着"学生的发展，主张教学应当走在儿童现有发展水平的前面，教学可以带动发展。由于儿童独立解决问题的水平与在有指导的情况下达到的水平之间的差异是不断变化发展的，因此，需要在一个动态评估环境中测查最近发展区。由此可见，教学的作用表现在两个方面：一方面，教学决定着儿童发展的内容、水平和速度等；另一方面，教学也创造着最近发展区，因为儿童的两种水平之间的差距是动态的，它取决于教学如何帮助儿童掌握知识并促进其内化。教学不等同于发展，也不可能立竿见影地决定发展，但如果从教学内容到教学方法都不仅考虑到儿童现有的发展水平，并且能根据儿童的最近发展区给儿童提出更高的发展要求，则可以取得更显著的教学效果。

最近发展区理论考虑到儿童的现有发展水平，帮助儿童掌握知识并促进其内化，根据儿童的最近发展区给儿童提出更高的发展要求，有利于儿童的学习成长与认知发展。

2. 多元智能理论

多元智能理论（The Theory of Multiple Intelligences，MI Theory）是由

① 皮连生：《教育心理学（第4版）》，上海教育出版社2011年版，第265页。
② 陈琦、刘儒德：《当代教育心理学（第2版）》，北京师范大学出版社2007年版，第39页。

美国哈佛大学著名教育学及心理学家霍华德·加德纳（Howard Gardner）提出的。传统的智能理论过于狭窄，局限于语言和数理逻辑能力方面，忽略了对人的发展具有同等重要性的其他方面。因此，他根据哈佛教育研究所多年来对认知科学、神经科学和不同文化知识发展及人类潜能开发进行研究所得到的结果，提出"智力应该是在某一特定文化情境或社群中所展现出来的解决问题或制作生产的能力"。①

　　加德纳提出，人类至少存在八种智能，分别是语言智能、逻辑——数学智能、空间智能、肢体——动觉智能、音乐智能、人际智能、内省智能，以及他后来补充的自然观察智能。其中，语言智能（Linguistic Intelligence）指对声音、节奏、单词的意思和语言的不同功能的敏感性；逻辑——数学智能（Logicalmathematical Intelligence）指有效地运用数字、推理和假设的能力；空间智能（Spatial Intelligence）指能以三维空间的方式思考，准确地感觉视觉空间，并把所知觉到的表现出来，对色彩、线条、形状及空间关系敏锐；肢体——动觉智能（Bodily kinesthetic Intelligence）指能巧妙地运用身体来表达想法和感觉，能灵活地运用双手灵巧地生产或改造事物的能力；音乐智能（Musical Intelligence）指能觉察、辨别、改变、欣赏、表达或创作音乐的能力；人际智能（Interpersonal Intelligence）指善于察觉并区分他人的情绪、动机、意向及感觉，具有有效与人交往的能力；内省智能（Intrapersonal Intelligence）指正确建构自我的能力，知道如何利用这些意识察觉做出适当的行为，并规划、引导自己的人生；自然观察智能（Naturalist Intelligence）指对生物的分辨观察力及对自然景物敏锐的注意力。每一种智能代表着一种区别于其他智能的独特思考模式，但这些智能之间是相互依赖、相互补充的。同时，加德纳也指出，多元智能理论所包含的八种智能模式是暂时性的。除上述八项智能之外，仍可能有其他智能

---

　　①　陈琦、刘儒德：《当代教育心理学（第2版）》，北京师范大学出版社2007年版，第51~53页。

存在。

多元智能理论的提出，冲破了狭隘的传统智力观的桎梏，带来了教育新内涵，具有重要的进步意义。它扩展了智力的概念，拓宽了我们观察人类智能表现的视野，对我们树立正确的学生观和教学观，实施因材施教，进行素质教育，推动教育改革的发展有重要的启示。

3. 最优化教学理论

尤·康·巴班斯基是苏联著名教育家、教学论专家，苏联教育科学院院士。他把辩证的系统论观点作为教学论研究的方法论基础，以整体性观点、相互联系观点、动态观点、综合观点、最优化观点等指导教学论研究，提出了教学过程最优化理论。

巴班斯基指出："教学过程最优化是在全面考虑教学规律、原则、现代教学的形式和方法、教学系统的特征以及内外部条件的基础上，为了使过程从既定标准看来发挥最有效的（即最优的）作用而组织的控制。"这被认为是教学过程最优化的最一般的定义。从这个定义中可以看出，最优化并非是某种特殊的教学方法或方式，这是有目的地组织教学过程。这时要统一地考虑教学原则、所研究课题的内容特点、各式各样可能有的教学形式和方法、该班级的特点及实际的学习可能性，并要在系统地分析这些材料的基础上，自觉地和有科学根据地（而不是自发地、偶然地）选择具体条件下最佳地组织教学过程的方案。在这样组织教学过程时，教师不应是简单地去尝试一种可用的教学方案，而是要有充分把握和信心选定上课计划或对学生进行的其他教学工作形式的最恰当方案，从而保证达到该条件下尽可能大的教学效果。同时，巴班斯基以列宁等有关人的活动思想为指导来论证教学过程最优化的标准。其中，教学过程最优化的第一个标准是使每一个学生在教养、教育和发展方面都达到一定的水平。这种水平恰好符合他最近发展区的实际学习可能性，因为教学大纲的编写已经顾及全体健康学生的可接受性。因此，要求对差生进行特殊帮助，以防止他们学习落后，也要对优等生进行特殊教育，以便尽量促进他们能力和禀赋的发展。教学过程最优化的第二个标准是让学生和教师都遵守为师生所规定的课堂教学和家庭作业的时间定额，防止师生出现疲劳过度的现象。[①] 简言之，所谓教学过程最优化指，根据社会所确定的培养目标和具体的教学任务，考虑师生的具体情况和所处的教学环境与条件，按照教学的规律性和教学原则要求，选择适当的教学形式、方式、方法来制订一个最佳的工作方案；然后灵活机动地实施这一方案，以期用不超过规定限度的时间和精力，取得对该具体条件来说是最大可能的最佳效果；这个结果反映在学生身上就是使全班的每一个学生都获得适时而最好的教养、教育与发展。[②]

巴班斯基的教学过程最优化理论，具有兼收并蓄的特点。它坚持全面发展的培养目标，贯穿系统方法的整体观点，重视教育规律的研究，强调必须从现有条件来理解最优化等。[③] 因此，尽管这一理论体系存在着步骤繁琐、对学生创造力的培养不够重视等缺点，但仍是一个很有价值的理论体系。

（三）适性教学的模式

适性教学的实施和一般的个别化教学不同。适性教学重视个别学生不同的学习差异，可以针对学生差异给予不同的教学策略。而在个别化教学的实施中，教师必须依据学生的个别情形，做不同的教学设计（例如以分组的方式）。有相关的文献指出，适性教学的模式有两种——补救式教学方式与补偿性教学方式。教师可以在教学中考虑采用此二种模式，根据学生的个别差异进行灵活选择。

---

① ［苏联］巴班斯基：《教学过程最优化——一般教学论方面》，张定璋等译，人民教育出版社 2007 年版，第 58 页。

② 吴式颖、李明德：《外国教育史教程（第三版）》，人民教育出版社 2015 年版，第 485 页。

③ 吴式颖、李明德：《外国教育史教程（第三版）》，人民教育出版社 2015 年版，第 493 页。

1. 补救性教学方式

补救性教学方式是教师透过教学方式，提供学生必须具备的先前概念或知识、技巧，透过教学活动学习应该具备的能力。例如：学生在上数学四则运算前，应该要先具备加减乘除的先前概念，如果学生在此方面有所欠缺的话，教师就应该实施补救性教学，先了解学生的概念学习，哪些先前概念有所不足、哪些基本的学科知识需要补充、哪些语文字词需要加强、哪些英文单词需要背诵等。通过补救性教学方式，学生可以在正式教学展开前强化自身的学科知识与学科能力。

2. 补偿性教学方式

补偿性教学方式指的是，当学生缺乏某些讯息、技巧或能力时，教师选择避开或补偿不足条件的方式来教学。教师在运用补偿性教学方法时，可以考虑变更教学内容，避开学生的弱点，或是加强利用学生的学习优势，进行教学活动以提高学习效能。

适性教学的实施，主要的用意在于教师针对学生的个别差异，引导学生一起学习。在共同学习方式的引导下，达到教学预期的目标。通过补救性教学方式与补偿性教学方式的实施，学生可以在教学中得到更大的效益。

三、实施因材施教

教师想要在教学中实现学生的个性化发展，就需要从实施因材施教出发，重视学生的学习需求，了解学生的心理特性。在实际教学活动中，因材施教应该遵循以下几种原则，以期达到人尽其才的教学理想。

（一）设计适宜的学习环境

学习环境是保障学生个体安全舒适并进行认知的资源，对学生的学习成长和身心发展具有关键意义。开发并优化学习环境，可以满足学生的学习需求，合乎个体的学习本性，从而实现当代"学习为本"的教育价值目标。[①]因此，教师在教学活动实施时，应该设计适宜的环境，营造学习思考的情境，让学生透过多元思考，展现个性的才华，进而提升学习动力。

（二）开展多样的教学活动

相关研究指出，唯有多姿多彩的教学活动，才能造就多才多艺的学生。过于单调的教学活动，无法激起学生的学习欲望，也无法引导学生进行学习上的探索。因此，教师想要使学生在学习中真正受益，应安排理解性、有意义的教学活动，调动学生的参与积极性，激发学生的学习意愿。

（三）采用启发式教学

启发式教学源于中国古代儒家孔子的教育思想。它包含三个基本要点：第一，教师的教学要引导学生探索未知的领域，激发起强烈的求知欲，积极去思考问题，并力求能明确地表达；第二，教师的启发工作以学生的积极思考为前提条件，其重要作用就体现在"开其意""达其辞"；第三，使学生的思考能力得到发展，能从具体事例中概括出普遍原则，再以普遍原则类推于同类事物从而扩大认识范围。[②]因此，利用启发式教学法，教师可以针对学生不同的学习风格，给予有效的教学启发，引导学生积极思考。

（四）提供独立的思考机会

在教学活动实施中，教师应该依据单元教学目标的特性要求，设计各种问题情境，让学生通过问题解读与应用解决，培养独立思考的习惯。必要时，教师可以暗示学生探索问题的门径及思索问题的方向，避免急于告知

---

① 黄甫全：《现代课程与教学论（第三版）》，人民教育出版社 2014 年版，第 173~174 页。

② 孙培青：《中国教育史（第三版）》，华东师范大学出版社 2009 年版，第 38 页。

学生最后的答案。通过训练学生独立思考问题的思维方式，实现人尽其才的教学理想。

（五）营造合作的学习情境

合作学习以合作学习小组为基本的教学组织形式，系统地利用教学中各个动态因素，包括教师与教师之间、学生与学生之间、教师与学生之间以及学校内部各因素与社区、家长等与教学有关的各动态因素之间的互动互赖来协调、促进学习群体中的个体成员的全面发展，以期达到预先设制的、共同的教学目标。[1] 在实际教学中，教师可以考虑采用不同的分组合作学习方式，进行各种单元的学习活动，营造大家一起来学习的团体动力气氛，鼓励成员主动参与，敦促学生多想、多问、多讨论、多动手，从而优化教学效果，提高教育质量。

（六）激发学生的学习兴趣

学生只有从学习活动中得到"成功的经验"，才会在面对"学习失败"时，鼓励自己再试试看。因此，若让学生在学习活动中，愿意投入更多的时间，教师就应该帮助学生进行顺利有效的学习活动，使之获得成功的经验，如此才能真正体会学习的乐趣。在快乐学习的氛围中，教师可以把握学生学习的学习心理，激发学习动机，点燃学习热情，施以因材施教，以达到提高教学效果的目的。

四、开展主题教学

提高学生的学习参与要从学生的学习兴趣着手。传统教学由于教学进度

---

① 靳玉乐：《合作学习》，四川教育出版社 2005 年版，第 8 页。

的压力、课本内容的统一等因素，教师无法在教学中将学生感兴趣的主题融入教学设计与教学实施中。但是，主题教学可以有效缓解这一局面从而实现激发学生的学习兴趣，提高教学的课堂效果。

（一）主题教学的内涵

主题一词最早用于音乐领域，主要指一部音乐作品或乐章的旋律主题，即通常所说的主旋律。随后，主题一词被引入教育领域中，最初主要应用在主题班会、主题活动等教育活动中。随着教育教学实践的发展与深入，结合丰富多样的教学活动，主题教学逐渐兴起。[①]

20 世纪 50 年代，美国的学校教育改革运动中产生了一系列以主题教学为代表的新课程教学模式。美国学者汉纳（L. A. Hanna）首次对主题教学做出了比较系统的界定，他提出主题教学"是聚焦于对某一具有社会意义的课题的理解而展开的有目的的学习体验，其中，这种课题被视为是一个横断各学科且基于儿童个体社会需求的意义整体"。[②] 主题教学是"从生命的层次、哲学的高度用动态生成的观念，重新全面认识并整体建构的一种课堂教学思想"。[③] 主题教学是从教与学双向维度提出的，任何一个教学行为都要有教与学双边的过程。教与学从来都不是一对矛盾，一个是教师的作用，一个是学生的作用。[④] 主题教学的运用，主要是基于对学生学习兴趣的重视，以及教师希望可以提供学生完整且系统的概念。概言之，主题教学是从文化的高度、培养完整人的哲学角度，坚持以儿童的生命价值为取向，在综合思维指引下，整合多种资源，挖掘教学内容的原生价值，生成教学价值，促进儿童在语言文字的理解与运用中成长，进而整体提升学科

---

① 窦桂梅：《小学语文主题教学研究》，人民教育出版社 2015 年版，第 41 页。

② L. A. Hanna, *Unit Teaching in the Elementary School*, New York：Rinehart，1955，pp. 19-28.

③ 窦桂梅：《窦桂梅与主题教学》，北京师范大学出版社 2006 年版，第 38 页。

④ 窦桂梅：《小学语文主题教学研究》，人民教育出版社 2015 年版，第 44 页。

素养与培育价值观，在动态的、立体的主题的教与学中，形成核心素养[①]。

主题教学从立意上着眼于儿童生命价值取向，充分重视个体经验下的"主题·整合"思维方式，其特征侧重表现在意义建构、深度学习及资源整合三个方面。首先，意义建构这一特征指向主题教学目标。主题教学强调帮助儿童形成主题意义群，促进儿童语言发展、思维发展、精神丰富，整体提升儿童的学科综合素养并逐步形成儿童的核心素养，确定核心价值观。其次，深度学习这一特征主要表现为情感驱动、深度思辨、动态生成。其中，情感驱动就是教师通过语言、肢体动作、表情外显而具有信息传递以及思想传达的功能；深度思辨指主题教学立足文本，深度解读教材，选取丰富多样的文本，结合儿童认知特点，充分挖掘文本的矛盾点、生成点，为学生提供深度思辨的思维空间；动态生成指主题教学过程的运行机制是动态生成的，这一过程按照儿童发展所需要的价值，重组教学内容，师生建立起平等交往与互动关系，为学生提供开放的质疑讨论空间，在多维对话、自主建构中实现主题意义的创生。最后，资源整合这一特征指向主题教学课程内容的资源整合。这里的资源不仅表现为文本的资源，还指儿童自身资源、教师自身资源，甚至环境资源——而这一切都体现了主题教学课程资源的运用。主题教学通过整合阅读资源、生活资源和文化资源，密切联系儿童社会生活、情感体验，实现主题教学课程的整体建构。[②]

（二）主题教学的意义

主题教学并非解决学生学习兴趣和学习参与的万灵丹，但主题教学的实施，可以点燃学生"再学习的火花"，透过主题学习的方式，可以引导学生解决生活上的各种问题，累积有效且实用的生活经验，让学生在教学活动中，拥有各式各样的成功机会，找回学习的自信心。教师需要进行主题教

[①] 窦桂梅：《小学语文主题教学研究》，人民教育出版社 2015 年版，第 45 页。

[②] 窦桂梅：《小学语文主题教学研究》，人民教育出版社 2015 年版，第 47~57 页。

学的具体原因有：提供积极的学习环境；提供学生团队合作的学习经验；提供符合人类智能的学习机会等。最主要的一点，在于通过学生感兴趣的主题进行教学活动，能激发学生的学习兴趣，提高学生的学习参与。因此，主题教学对于教师教学和学生学习来说具有重要意义。

首先，主题教学的主要意义是教师在进行教学前，在符合领域节数的原则之下，学习学科领域界限，弹性调整学科及学习节数，实施大单元教学或统整主题式的教学。这样一来，教师可以通过主题整合课程，提高教学效率，促进学生对知识的理解和吸收。第二，主题教学可以营造良好的教学环境。在主题教学的情境中，教师可以围绕学科知识整合教学资源，营造以学生为中心的教育环境。通过主题建构的形式，为学生提供一种符合学生认知水平和实际需要的情境，引导学生形成整体性的学习模式，跳出单一僵化的思维模式，将旧有单一的、局限的知识内容与整体相联系，从而对知识形成新的理解和感悟。第三，主题教学可以有效发挥学生的主观能动性。通过主题教学的引导，学生能够不断探索求知、丰富而有系统地学习知识结构，建立起属于自己的思维导图。同时，学生在对知识信息进行有意义建构的过程中，会获取对新知识的个性理解，从被动接受的学习者定位改变为积极建构的主动发现者，充分发挥自己的主观能动性。第四，主题教学可以有效促进教师专业化发展。学校教育是具有强烈时代感的一项系统工程，具有现实性。随着社会的发展、时代的进步，教师的教育观念也应该根据时代发展的需求而改变。在复合型知识时代，具备整合型理念的教师是我们当今教育所需要的。在主题教学活动中，教师必须具备总览全观的教学视野，构建系统的教学知识，形成整合性的教学思维。因此，主题教学不仅能满足提高教育质量的要求，还能提高教师的专业成长。第五，主题教学有利于学生核心素养的形成。把聪慧与高尚的人生作为师生追求的终极使命，并不意味着把儿童当作实现目标的工具，反而强调对儿童生命成长节点的发现与对其自身成长的尊重。因此，主题教学是坚持学生站在"课堂正中央",整合一切有利于学生成长的课程资源,在核心价值观的引领下,挖掘文本的教学价值,整体提升学生的学科素养和核心价值观的塑造。[①]

(三)主题教学的实施模式

教师在运用主题教学时,可以考虑下列模式:

1. 决定参与人员

主题教学的参与人员,包括个别教师、教师小组、教职员、校内外人士等。教师可以依据实际教学的需要,决定主题教学的参与人员。

2. 拟定教学时程

主题教学的时程包括一次性的活动、短期计划、中期计划、长期计划等,教师在进行教学设计时,可以参考单元教学的内容与教学进度的需要,决定教学时程要采用哪一种方式。

3. 决定教材来源

教材来源的决定,通常包括选用教材、调整教材、改编教材、创造教材等四个步骤,教师可以依据学生的兴趣和教学的需要,来决定教材的方式。

4. 选择统整方式

主题教学的统整方式,一般包括学科领域内统整、跨学科领域内统整、活动经验统整、主题概念统整等。教师可以依据实际需要,决定主题教学的统整采用哪一种方式。

5. 实施教学评价

主题教学的最后一个步骤,就是教学评价活动。通过教学评量的实施,让教师了解主题教学的实施成效。教学评价可以作为修正教学活动计划参考,从而形成新的教学方案。

---

① 窦桂梅:《小学语文主题教学研究》,人民教育出版社 2015 年版,第 74~76 页。

（四）主题教学的实施步骤

教师在进行主题教学时，一般都会参考下列步骤：

1. 搜集教学资料

教学数据的搜集要依据教学目标，并参考学生的学习兴趣。同时，教师应该将生活事件、个人经验等要素，纳入教学资料的规划设计中，使教学活动的实施，可以结合生活经验。

2. 发展设计理念

搜集教学数据之后，接下来就是发展教学设计理念。通过设计理念的落实，决定教学活动进行的原理、原则、步骤、教材的筛选等。当然，在主题教学进行中，教师的设计理念是相当重要的，除了要顾及主题单元的目标之外，也应重视主题教学的特性以及学生的学习经验。

3. 决定教学主题

教师通常会考虑主题目标、学生的能力指标等来决定教学主题。通过这些要素的考虑，决定接下来要进行的教学主题。

4. 编写教学计划

教学计划的编写，通常会在决定教学主题之后。通过分析课程的教学目标，归类学生的能力指标，结合学科的领域知识，将影响教学的各种要素，纳入教师的教学设计当中。

5. 实际教学活动

当教学计划完成之后，接下来就是进行实际的教学活动。教学活动的实施，可以提供给教师关于主题教学与实施成效的参考，以此来修正教学计划。

6. 教学反思回馈

教学反思回馈作为改进教学的参考，引导教师进行教学方面的专业思考。通过学生的回馈，教师获悉教学方法哪些是需要调整的，哪些是需要保留的，以及哪些是需要再修正的。

（五）主题教学的策略

教师若能运用学生感兴趣的主题，进行主题教学活动，开展完整概念以及主题知识的教学，则可以提升学生的学习兴趣，降低学生的学习焦虑。教师在学生感兴趣的主题教学方面，宜考虑下列要素：第一，重视生活问题的解决，引导学生关注实际生活；第二，将生活经验纳入教学中，充分调动学生的认知经验；第三，提供立即性成功的学习机会，让学生体验学业成就感，建立自信心；第四，提供学生自由选择的机会，允许学生选择自己感兴趣的学习方式和课程内容；第五，培养解决问题的能力，学生在动手解决问题的过程中深入了解知识背后的奥秘，激发学习的兴趣。

五、强化学习动机

学习动机是激起学习兴趣与学习参与的重要关键。通过学习动机的了解与掌握，提供教师对于学生学习内在心理状况的理解；通过各种激发学习动机策略的应用，提升学生在学习方面的兴趣。

（一）学习动机是开启学习兴趣之钥

为了激发学生的学习兴趣，教学活动必须从学生的学习动机着手。缺乏对学习动机的了解，教学活动就失去了激励因素。学习动机的强弱，影响学生决定花费多少时间、精力、专注力在教学中。

教师想要学生积极投入学习中，应该运用多种策略，从学生"内在心理"出发，了解学生对学习的观点，针对学生的内在心理，激发学习上的情感，使教学活动能迎合学生的学习心理。如此一来，学生愿意积极投入教学中，将教学活动的各项任务，视为自己成长中必须历经的阶段。

（二）学习动机的主要内涵

在学习动机方面，以学习语言为例，包括：工具性动机（instrumental motivation）与融合性动机（integrative motivation）；内在动机（intrinsic motivation）与外在动机（extrinsic motivation）；普遍型学习动机（general motivation to learn）与偏重型学习动机（specific motivation to learn）；原级动机（primary motivation）与次级动机（secondary motivation）。

1. 工具性动机与融合性动机

工具性动机指的是学习语言的目的是为了获得利益价值。例如，求得职业、升官、赚钱、在学校考试中得高分等；而融合性动机则指学习者学习语言的目的是渴望成为所学语言团体的一分子，希望被使用此语言的人接纳与认同，学习者通常会对使用该语言的国家的政治经济、文化风俗较感兴趣。

2. 内在动机与外在动机

此种分类是由德塞伊（Dcei）与瑞安（Ryan）提出，内在动机是所有动机中自主性最强的，它指的是个人内在驱力，如个人兴趣、满足，而迫使个体表现各种活动，具有此类学习动机的学习者学习会较长久；外在动机指外在事物具有诱因，个体认为从事各种活动能够获得某些他希望得到的事物，如赞赏、奖状等奖励方式，若外在诱因消失时，学习者的学习动机可能减弱甚至消失。

3. 普遍型学习动机与偏重型学习动机

拥有普遍型学习动机的学习者对于所有的学习活动都有学习动机；拥有偏重型学习动机的学习者则只对某些学科有学习动机。

4. 原级动机与次级动机

原级动机即为内在学习目的而学，例如求知、成长；次级动机即为外在表现目的而学，例如求高分、得到赞许。

（三）强化学习动机的教学策略

学习动机的主要意义，在于学习者内在的学习驱力。例如：学生喜欢数学的原因有哪些？不喜欢数学的原因有哪些？透过对学生学科学习的投入情形，了解学生对该学科的情感，以及投入的程度。教师在教学活动进行时，应该针对学生的学习动机，做各种教学方法与策略的选择，激发学生的学习动机，进而提升教学成效。教师想要激发学生的学习动机，可以考虑下列策略。第一，提供学生学习的高峰经验，让学生充满持续的学习动力；第二，运用观察与模仿效果，建立学习的榜样；第三，陈述明确有意义的学习目标，让学生明确学习的方向；第四，规划有效的学习环境，使学生置身于高效学习的氛围中；第五，建立重视学习而非竞争的教室气氛，师生之间、生生之间合作交流，共同成长进步；第六，设计并规划适性的学习活动，符合学生的认知特点和个人经验；第七，提供外在的学习诱因和增强物，激发学生学习的动机；第八，学习结束之后给予各种回馈，让学生在激励中不断前行。

六、更新学校文化

校园文化是人类社会大文化作用于学校，由学校自身进行内化，并对社会文化进行提炼与升华的结果。目前，人们从哲学、文化学、教育学、管理学等不同的理论视角对校园文化建设进行了阐释，不仅丰富了校园文化理论，对校园文化建设也起到了重要的促进作用。本部分试想另辟蹊径，从一个崭新的视角——社会学的角度，把校园文化视为一种社会现象，用一种整体的方法，从社会变迁与社会互动这个更广阔的背景上来把握校园文化诸要素，对校园文化与社会文化之间的相互制约与相互促进进行研究，从而探讨校园文化的社会学界定、社会学特征，提出校园文化建设的社会学策略。

（一）校园文化的社会学界定

社会学认为，社会是人类生活的共同体。一个社会的组成往往要具备以下特点：首先，社会是由人群组成的；其次，社会以人与人之间的交往为纽带；第三，社会必须是有文化、有组织的系统。美国学者华勒（W. Weller）在他所著的《教育社会学》(The sociology of Teaching) 一书中，进一步对学校何以成为一个社会做了说明 (1) 学校中有固定的组成分子。(2) 学校中的各类交互作用，包括行政人员、教师与学生之间的交互作用，确定了学校的社会结构。(3) 学校中有不同的社会关系，彼此相互影响。(4) 学校中的组成分子具有共同的意识。(5) 学校中的组成分子有其自身想法与做法，构成独特的学校文化环境。"[①] 由此可知，校园在某种程度上确实构成了一个特定的社会。

校园是校园文化的载体，是校园文化繁衍生息的前提。把校园看作是一个特定的社会，校园文化则是存在于这个特定社会之中的一种社会现象，这是对校园文化进行社会学分析的基点。

首先，校园文化在校园这种特定的社会里产生。第一，校园的物质环境，如校园地理环境、建筑群布局、艺术文化设施、图书馆、实验室设备、教学条件等，是校园文化产生的物质载体。第二，校园人[②]（包括学校管理者、广大师生员工）在交往过程中缔结的社会关系以及用于调控这些关系的规范体系所表现出的制度文化，构成了校园文化的有机部分。第三，校园人的精神生活方式，如办学指导思想、奋斗目标、校风、学风、价值取向、

① 林清江.教育社会学新论 [M].台湾：五南图书出版公司，1996.
② 贺志宏.大学校园文化的结构和功能 [M] 高等教育研究，1993,(3).

思维方式、审美情趣等以理性的形式表现出来的精神文化，同为校园文化的重要组成部分。这些校园文化现象随着社会的发展而不断形成和发展，最终使校园文化以一种独立而完整的亚文化形态出现并发挥其特有的影响。

其次，校园文化是社会文化的亚文化。所谓亚文化，是指仅为社会上部分成员所接受或为某一社会群体所特有的文化。校园文化是学校社会中的校园人所特有的文化，是一种社会亚文化现象。

亚文化是社会文化的一部分，它与社会文化之间有着天然的属性和必然的联系。校园文化作为亚文化，一方面受到社会文化的影响和制约，发挥着一般社会文化的职能，即通过一系列文化创作活动，使每个校园人在行为方式、价值取向、思想观念等方面与社会主导文化产生认同，促进个体社会化的完成；另一方面，校园文化又具有鲜明的个性——独特的开放性和创造性，既充当历史文化的"储蓄所""中转站"，又充当现实文化的"制造场""交易所"①，以其特有的开放胸襟迎接一切外来文化并对其加以改造，最终成为新文化产生的前沿阵地。因此，与其他亚文化相比，校园文化在与社会文化的互动过程中显得更加活跃，已经成为社会主导文化变迁和发展的主要媒介和动力之一。

再次，校园文化的主体是校园生活中的校园人。校园人包括学校中的领导者和管理者、教师、学生。他们既是校园文化的消费者，更是校园文化的创造者，校园文化的形成和发展离不开他们的积极参与。他们在校园中各自承担着不同的角色，对校园文化发展所发挥的主体作用也不尽相同。作为领导者和管理者，他们要对学校进行总体规划、整体设计，以使其沿着正确的方向健康发展，因而对校园文化起着规范和引导的作用；作为教师，按照社会的期待，授予学生知识，培养学生能力，并以自己独特的人格魅力影响学生的发展，因而他们在对校园文化中起到引导和管理作用的同时，还直接影响着校园文化的发展；作为现代学生，他们再也不是"两耳不闻窗

---

① 路琳. 校园文化建设与德育环境的营造 [J]. 高校理论战线 :1992.(2)

外事，一心只读圣贤书"的书呆子，而是"风声、雨声、读书声，声声入耳；家事、国家、天下事，事事关心"的新一代学子。他们怀着满腔热情，密切关注社会热点，充分发挥自己的爱好、特长，积极投身校园文化建设，成为校园文化建设的生力军。

综上所述，从社会学的角度可以将校园文化界定为：校园文化是产生于校园这个特定社会之中，以校园人为主体，通过与社会文化的互动作用得以形成和发展的一种积极的亚文化形态。

(二) 校园文化特征

1. 开放性与延续性

校园文化是整个社会文化的一部分，时刻受到社会文化的影响和制约，必然体现时代的要求和社会的特征。文化本身的灵活性决定了校园文化是一个开放的体系。它既具有青年文化的特点，同时，又时刻反映着社会文化的变迁，反映着社会文化的最新发展动态，反映着社会科技、知识、艺术、经济等方面的最新变化，体现出对待社会文化最大程度上的开放性，从而为学生综合素质的提高提供了更为广阔的前景。同时，学校是社会的产物，校园文化也是随着社会历史的发展而不断变化的，是学校教育对社会文化不断整合和内化的文化积淀。这决定了校园文化的历史延续性：对学校自身文化的延续，对民族文化的延续，对人类先进文化的延续。

2. 自主性与差异性

随着社会主义市场经济的发展和教育制度、办学方式的改革，各所学校在坚持社会主义办学方向的前提下，对学校的建设和发展拥有越来越大的自主权。怎样建设校园文化，建成具有什么风格和特色的校园文化等问题，大都是由学校自主决定的，这是校园文化建设的先决条件。

校园文化建设的基本思想、基本要求在各个学校中是贯彻一致的，但不同地域、不同类型、不同规模的学校在具体操作过程中又各有差异。这是因为各个学校都是根据自身不同的实际，制订不同的标准，采取不同的方式进行，能够不知不觉地把基本的修养要求和育人目的渗透到学生的学习和生活之中，对学生的全面发展和综合素质的提升起着潜移默化的影响和促进作用。

教育自身的特点决定了学校内的一切活动都带有明显的目的性。代表一定社会利益的学校及教师对知识的选择与分类、传递与评价，以及对学校要营造的精神环境和文化氛围的认识等，都与其遵循的价值观有着密切的联系，带有明确的规范性和必须为社会培养人的根本目的性。为此，邓小平同志曾说："一定要让我们的人民，包括我们的孩子们知道，我们是坚持社会主义和共产主义的，我们所采取的各方面政策都是为了发展社会主义，为了将来实现共产主义。"可见，与其他亚文化相比，校园文化带有更加浓厚的目的性。

（三）校园文化建设的策略

1. 建设校园文化必须坚持继承与创新相结合

要把校园文化作为一个稳定的发展的系统来构建，就必须坚持继承与创新相统一、相结合。校园文化是从社会主流文化中衍生分离出来的，无时无刻不受到社会文化、大众文化的影响；同时，校园文化自身的发展也有一个前后相继的历史过程。所以，校园文化的健康发展既离不开对社会主流文化、大众文化中积极有用成分的借鉴和采纳，也离不开对自身过去发展经验和建设成果的吸取和继承。唯有这样，校园文化才能为自身赢得一个良好的建设平台。

同时，为了更好地发展，校园文化在建设中必须进行积极的创新。重点应该做到：首先，突出科学性，体现出本地区的特色。我国是一个多民族国家，地域辽阔，各个地区之间具有明显的差异。校园文化在建设风格上应该注意与所在地区的现代化建设相协调，要努力保持鲜明的地方特色。其次，突出层次性，体现出本学校的特点。这就要求校园文化建设要与学校的办学方向、培养目标相统一，不能脱离学校的总体发展规划。最后，突出实践性，体现出学生的特长。这是因为校园文化建设的目的就是要让校园美化心灵，让校风塑造形象，让每一个学生在自己的兴趣、爱好领域都能得到充分发展，都能形成自己的风格和特长。

所以，校园文化建设必须既要继承传统民族文化和过去校园文化的优秀成果，又要跨越国境，洋为中用，使校园文化模式在兼收并蓄、吐故纳新中不断更新。否则，一成不变、默守陈规只能使校园文化建设走向穷途末路。

2. 发挥校园人的创造性和主动性

校园文化建设不仅仅是建筑设施、校园环境的建设，更主要的是通过价值观的认同、人际关系的协调等途径，潜移默化地影响校园人的深层心理结构，使校园人的发展体现校园文化的实质和最高价值。学生不仅仅是校园文化建设活动的最主要对象，更是校园文化建设最主要的参与者。我们不应把学生仅仅看作是消极的被管理者、被教育者、纯粹的消费者，而要突出学生的主体地位，调动他们的主动性和创造性，真正发挥学生在校园文化建设中的生力军作用，这是校园文化建设最强大的动力源泉。在竞争日渐激烈的今天，学校只有充分发挥校园人，特别是学生的创造性和主动性，在注重校园文化的共性建设中塑造自己的个性，突出自己的特色，最终才能创建融共性与个性于一体的成功的校园文化。

3. 强化校园文化意识，追求整体性效应

学生素质的提高是一个日积月累的渐变过程，需要健康向上的校园文化给以引导、调整和校正。为了更好地发挥校园文化这一巨大效能器的作用，必须强化每个校园人的校园文化意识，必须把校园文化作为一个整体来看待。列宁曾说过："要真正地认识事物，就必须把握研究它的一切方面、一切联系和中介。"① 校园文化内容广泛，包括校园物质文化、制度文化、活动文化和精神文化，校园文化建设也因此成为一项各方面都要兼顾的系统工程。其中，物质文化是基础，其整体环境的综合效应能体现学校物质文化特色，被誉为校园文化的"硬件"；制度文化是纽带，是促进各部分充分发挥自身效能的校园文化"机制"；活动文化是载体，其整体作用的全面施展有助于形成学校的行为特色，是校园文化的主旋律；精神文化是校园精神的全面体现，在整个校园文化内部结构中起协调作用，是校园文化的核心和灵魂。校园文化的健康发展离不开四方面的相互协作和积极配合，在建设过程中，应从整体出发进行系统把握，谨防顾此失彼。所以，对校园文化的建设只有从整体出发，从整体与个别的相互关系中来认识其内在的联系，掌握其发展的规律，才能促使其整体效能得到最大发挥。

---

① 列宁选集 .[M]. 北京：人民教育出版社 ,1997.45.

第二章 有效教学

有效教学和教学效能、效能教学等概念大同小异，主要的意义是指教师如何有效教学，使学生获得学习的成功、展现优良表现，来达到预定的教育目标。

为了引导教师在教学中，通过教育技术与教学策略的运用，达成高效能的教学目标。本章针对有效教学的理论基础与实践应用展开讨论，具体包括有效教学的内涵、教师要开展高效能教学（开展高效能教学的必要性）、教材教法是教学效能的关键、运用不同的教学组织形式、透过赞美让学生有成功的体验、对教材进行生活化的处理、帮助学生掌握"学习策略"、强化学生的自律性学习动机、进行有效的课堂提问等单元。将对有效教学的科学与艺术、策略与方法，做重点分析讲解，提供教师在有效教学方面的指引，希望每一位教师在教学中，都能具备有效教学的技能，将相关的技巧与要领，融入班级教学中，让自己成为"教学高手"，学生成为"学习高手"。

一、有效教学的概述

在有效教学中，教师采用多样化的教学方式和策略，以最少的时间和最小的精力投入来达到预期的教学目标、获取高质量的教学效果。因此，教师有必要了解有效教学的理论内容，探索高效性、研究性的教学模式。

（一）有效教学的内涵

有效教学概念是有效教学研究的基础，也是有效教学研究的重点。因此，在探究"有效教学"之前，首先必须对其概念有一个较为清晰的了解。[①] 一般而言，有效教学的内涵包括教学前、中、后及教学相关因素的掌握等。

1.教学前的思考与决定

教学前的思考与决定指教师在教学前所从事的各项与教学有关的活动，包括教学的前导活动、教学计划的拟定、对教材与教学活动的熟悉、各种教学流程的安排、如何计划教学、教学计划有哪些形式、从事哪些形式的计划、依据何种模式或程序进行计划活动等等。

2.教学中的思考与决定

教学中的思考与决定包括将教学计划落实，说明教学单元目标，系统呈现教材，提供学生各种练习的机会和精熟的策略，运用多元教学策略，引起动机并集中学生的注意力，运用各种教学方法及媒体，掌握发问技巧等使教学活动达到预期的效果。

3.教学后的思考与决定

教学后的思考与决定指教师在教学结束后的反省思考活动，包括适度评量学生的学习成就，给予合理的期待并奖励学习进步。教师在教学结束后，

---

① 严开明：《信息技术课程教学评价策略》，中山大学出版社 2018 年版，第 86~87 页。

通过反省检讨教学的得失并修正实际的教学活动。

4. 教学策略的运用

教学策略的运用指教师在教学历程中，有效地运用各种策略增进教师的教学效果及学生的学习成效。其中，相关策略包括增加学生的学习参与，重视学生的个别差异，保证教学过程的流畅高效、教学结构的逻辑清晰、教学内容的适度转化。

5. 班级经营策略

班级经营策略指教师在教室生活中有效订定各种常规，建立一套有制度的规则，从而有效监控座位中的活动，提高学生的学习参与感。在学科教学中，教师尝试随机转换各种教学技巧，连结新概念与旧经验，将具体活动转化为抽象活动。

（二）有效教学的特征

教师采用有效教学，可以充分利用有效教学时间，让尽可能多的学生得到尽可能多的实际效益的教学，核心是关注学生的进步和发展，关注教与学的高效率。[①] 那么，在实际教学应用过程中，有效教学应符合以下特征：

1. 有效教学必须合规范性

"不以规矩，不能成方圆。"有效教学是指教师在教学历程中，能合认知性、合价值性、自愿性等规范，并且能充分发挥传道、授业、解惑的功能。因此，有效教学的运用必须符合相关的准则，才能发挥教学的最大效益，实现学生的高效学习。

2. 有效教学必须有明确性

在有效教学的过程中，教学活动符合逻辑，教学内容清晰详实，教学目标明确具体。教师能有效地应用教学的心理学原理，产生有效的教学，引导学生获得有效的学习，进而达成预定的教学目标。

---

① 　严开明：《信息技术课程教学评价策略》，中山大学出版社 2018 年版，第 15 页。

3. 有效教学必须多样性

有效教学必须符合教学活动本身的特性，以多样性的活动和经验呈现，并达成预期的教学目标。教师在教学历程中须采用丰富多变以及多姿多彩的教学活动、教学方法和教学内容。

4. 有效教学必须提升学习成功的比率

有效教学的最终目的是提升学习者的学习成就，并达成预定的教育目标。因此，教师应该运用各种技术，如系统讲解教材的知识、经常开展师生的互动、培养教材组织的能力、激励学生学习的动机、保持和蔼可亲的态度、掌握教室管理的技巧等，来提高学生的学习成功比率。

5. 有效教学必须是全心投入的

在有效教学的引导下，教师能适时地掌握教学的各种因素（如提示、参与、修正、回馈），来增强教学的效果质量。在从事教学工作时，教师应该全身心投入，不仅关注教学改进目标的设定，还要注意时刻进行检讨与反省，以加强本身的教学能力。

6. 有效教学必须是任务取向的

教师在有效教学的过程中，设置课程实施的任务量，重视教学绩效责任制，讲求教学方法精准化，熟悉各类教材知识点，激励关怀学生并追求教学的成效。在任务驱动的教学模式下，建构出知识与技能体系，促进学生的高效学习。

（三）有效教学的功能

有效教学自从产生之日起，就受到教育学界的广泛欢迎。这主要是源于它在教学成效、教师信念、自我实现、教育价值、学习成绩、教学动力、学校发展等方面发挥着特有的功能。

1. 有效教学是评价教学成效的参考

教学成效的评价，有助于了解教师评价所囊括的重要层面及其相关因素，对教师教学质量的提高与促进具有重要的启示作用。有效教学能够建立教学效能的评价体系，开发课程教学的评量工具，以此作为教师教学成效评价的参考。

2. 有效教学是提高教学信念的依据

教学效能高的教师，对自己的教学充满信心，全心全意投入工作，相信本身有能力负起教师应有的责任，灵活采取变通方案应对复杂的教学情境，以获得高成就的教学效果。

3. 有效教学是实现自我需求的满足

高效能的教师对学习者怀有较高的期望和责任感，且能积极参与各类学校的活动。教师在内在动机的驱力下参与各类活动，能够充分发挥自我的工作潜能。

4. 有效教学是教育价值的肯定

教学效能高的教师认定自己所从事的教学工作是一种"价值性高"的工作，并将其作为教育生活的全部，对教学计划、教学内容和教学效果，抱有期待的信念，以努力不懈的态度认真教学。因此，高效能教师的教学效果比一般教师佳。

5. 有效教学是学生学习成就的原动力

拥有教学效能的教师既可以察觉当前教学是否能增进学生的学习成绩，也可以判断自身教学是否能够引导学生成功学习。因此，教学效能不仅是教师对自身教学的自我知觉，更是决定学生成就的重要动力。

6. 有效教学是引导教师知觉到实际表现的中介变项

有效教学影响教师的教学行为取向，是教师对自己教学能力的知觉与信念。而教学效能是帮助教师感知自身教学活动，判断学生学习成败的因素。在教学实践中，教师可以利用有效教学将自身的感知经验纳入到实际课堂中，以行动来改善教学效率和工作质量。

7.有效教学是鼓励教师积极教学的动力

有效教学力求教学的最好效果、最高效率和最佳效益。在一定的教学时限内,师生用最少的教学投入,获得最多的教学收益。[①]在最佳教学收益的激励下,教师形成积极的教学热情和充沛的教学信念,全身心投入教学工作。

8.有效教学是稳定学校发展的基石

教师效能与学校效能之间的关系极为密切,一所学校要提高其教育绩效,必须先从教师教学绩效着手,才是根本之道。有效教学首先侧重"教"的研究,从研究教师特征、素质到研究教师教学行为,最终走向有效教和学的综合研究。[②]因此,有效教学在促进教师专业发展以及教学绩效增加的同时,更推动了学校质量的稳定提升。

(四)有效教学的研究取向

依据相关的文献归纳,有效教学的研究取向分为教师有效教学、教材组织与运用、教学技术、学习时间运用、师生关系建议、班级气氛营造等六种主要的研究取向,简要说明如下:

1.教师有效教学的研究取向

教师教学效能的高低影响学生学习成就。因此,教师有效教学研究的取向,重点在于探究教师自我效能高低与学习成就之间的关系,探明高效能教师必备的技能。教师在教学过程中,应该发挥各种专业技能,提高个人教学效能,进以提升学习者的学习态度与成就。

2.教材组织与运用的研究取向

教材作为教学内容的主要表现形式,是教师教学的主要依据。教师应该对教材进行组织加工,将其灵活运用到实际教学情境中,从而适合学生的学习特点和经验建构。因此,教材组织与运用的研究发展,重点在于探究

---

① 严开明:《信息技术课程教学评价策略》,中山大学出版社2018年版,第109页。
② 严开明:《信息技术课程教学评价策略》,中山大学出版社2018年版,第109页。

教师在教材组织与呈现方面对学生学习的影响。

3.教学技术的研究取向

教师在教学地过程中，运用教学的科学精神与方法，激发学习者的学习动机，重视学习者的基本能力与学习特质，有效增进学习效果，并达到预定的教学目标。

4.学习时间运用的研究取向

学习时间运用的研究取向，重点在于探讨在教学过程中，时间因素对教师教学效能的影响程度，包括教师在教学时间的分配情形以及学生在学习方面的时间因素。

5.师生关系建立的研究取向

师生关系建立的研究取向，重点在于探讨教师期望与学生学习成果之间的关系及其影响程度。研究内容包括教师教学方式与学生成就、教师期望水平与学生成就、教师行为表现与学生成就的关系。

6.班级气氛营造的研究取向

班级气氛营造的研究取向，重点在于探讨不同班级气氛对学生学习的影响。高效能教师在班级生活中，善于营造各种有助于学习的气氛，让学生在轻松愉快的气氛中，激发学习的强烈动机，增进学习的内驱力。

二、教师要开展高效能教学

教学活动的进行，无法用固定的标准，衡量其高低效能或质量的良莠。但是，通过教师教学行为本身的观察，可以描绘出教师教学效能的高低。有关教师教学效能的高低，可以参考下列几项指标：

(一) 高效能的教师教学

教师想要判断自己的教学行为，属于高效能或低效能的教学，可以参考下列授课清晰指标（郝永威等，2011）：

表 2-1 高效能教师的授课清晰指标

授课清晰指标	教学策略实例
事先让学生知道教学目标（如：叙述何种行为会被考核或出现在考试或未来的作业中）	准备好与理想的复杂程度相配之课程行为目标。在课程一开始便告诉学生，该行为在未来会以何种方式出现。
提供学生一些内容组织技巧（如：将授课内容呈现在过去或未来要学的学习内容中）	查阅或准备某一单元计划时，明确哪些先前的学习是这个单元课程所必备的，以及先前的学习对这个单元课程具有何种代表性。开始授予该单元课程之前，务必让学生知道该单元课程只是整个大课程教材的一小部分。
授课前，检查学生对先前学习经验内容掌握的多少，了解程度的多少（确定学生对相关内容的了解程度，必要时重新讲授）	开始上课时，问学生问题或定期检查学生作业，以确定学生是否掌握学习之前的相关知识。
耐心并细致地指导学生（如：必要时重复指导内容，或将指导内容细分成数小部分，以方便学生理解）	将冗长的作业以逐步循序的方式，组织其程序步骤。
了解学生最近发展区，并以学生的理解程度或略高于学生能理解的程度来讲授内容（如：知道学生注意力维持的长短度）	依据标准化测验、以往的作业及个人兴趣来决定学生能力程度，以重新确立教学目标。
使用实例、讲解以及示范来解释澄清概念（如：使用视觉辅助器材来帮助解释及强化重点）	重述重点，叙述方式多样，至少一次不与先前讲授时所使用的方式相同（如视觉与听觉结合的讲授方式）。
在每节课结尾前，提供复习或重点总结	使用关键抽象词，反复背诵或用符号象征，来帮助学生有效记忆内容。

因此，我们看出，高效能教师的授课指标包括明确的教学目标、提供学生课程内容的组织技巧、掌握学生在学习上的先前概念、了解学生的学习程度、运用实际的例子帮助学生学习、在课程结束前提供学习的重点等。教师想要提升教学效能，应该参考上述有关有效教学的指标和策略，并且

在教学活动中灵活地运用，才能提升班级教学效能，激发学生学习参与。

（二）多样化的教学指标

高效能教师教学行为还可以参考下列多样化的教学指标（表 2-2）。通过多样化教学指标与教学策略实例的相互运用，教师可以在不同的教学阶段，运用多样的教学策略，提升教师的教学效能。从下表不难看出，教师的教学策略与方法要经常性地改变更新，才能让教学活动富于变化、富于弹性，才能让学生真正在学习中受惠。

表 2-2 多样化的教学指标

多样化的教学指标	教学策略实例
使用吸引注意力的技巧（如：以挑战性的问题、视觉刺激或实例开始授课）	以活动方式开始一堂课，而该活动不宜与前一堂课或前一个活动雷同。
通过目光、语气及手势的变化使学生感受到教师的热忱与活力（如：改变音调与音量，四处走动，不固定站立某处）	在有规律的时间间隔（如：每10分钟）中变化位置。改变说话速度或音量，以强调讲授内容或课程活动发生变化。
变化课程内容呈现的方式（如：讲课、提问题、开展自习）	事先安排好每个教学活动的顺序，并做周期性循环。
混合使用奖励与强化刺激行为的方式（如：加分、口头奖励、自修等）	建立奖励及口头称赞术语清单，随机选择使用。要特别注意的是，在称赞的同时，提供奖励原因。
将学生意见纳入教学的某些方面（如：使用间接教学或发散性问题）	偶尔使用学生的意见来改进教学。
变化问题种类（如：发散性问题、聚合性问题）	提出的问题既要随单元目标进行变化，又要匹配学生行为及课程目标。

（三）高效能的教学策略

在教师教学活动实施过程中，高效能的教学可以提供给教师各种改进教学的策略，使教师了解高效能的标准，并将其运用到教学策略上。高效能的教学策略，有助于教师达成预期的教学目标，避免因为各外在因素的关系导致教学失败，进而形成教学倦怠。当然，每个在教学一线工作的教师，都可以通过经验累积来增强教学效能，将自己的教学活动循着高效能的标准发展，以达到高效能的教学目标。

教师想要达到高效能的教学理想，应该针对上文提到的高效能的教学指标、多样化的教学指标等，进行教学改变。在教学活动实施前、中、后，针对教学效能的指标开展"教学反省"，并针对反省活动做教学上的改变。我们认为，高效能的教学策略包括以下几个方面：例行性地透过"教学效能指标问卷"做教学上的反省；教学一开始就告诉学生"教学目标"；提供学生单元教学的学习要领与技巧；了解学生原有学习经验和知识内容的掌握情况；掌握学生可能在单元教学中遭遇的问题；以学生可以理解的方式进行教学活动，并帮助学生理解情形；使用实例、图解以及示范来解释及澄清概念；运用多样化的教学策略与方法；针对学科领域单元知识内容，为学生拟定高效能的学习策略；经常性评估"教学成效"与"学习成效"。

三、教材教法是教学效能的关键

教师教学效能的开展，除了教师教学行为的改变、班级教学设计的更新，更为重要的是教师对于教材教法的了解与运用。有关教师教学效能的研究指出，在教学理论与方法的运用、教学策略与技巧的使用之外，教师熟练地运用教材教法是达成教学效能的关键。

（一）教材教法的教学运用

新世纪的教师教学活动，面临多元化、现代化、专业化、信息化等全方位的挑战与冲击，同时也影响学校教育的发展与应用。教师要能随时针对各种外界环境，改变自己的教学模式，充实自身的教学素养，才能在发展快速的时代里，达成高效能的教学期望。

教材教法既事关学校教育目标的达成、教学活动的成败，更是影响学校教师教学效能的关键因素。教师必须有效运用各种教材教法，来达成因材施教、教学相长的理想。如果教师以传统的观点，僵化运用本身所学的专业知识与专业知能，缺乏对教材教法灵活运用的敏感度，则容易使自己的教学活动过于僵化，导致学生的学习成效无法达到预期的目标。

（二）教师对教材教法的运用

教师面对各种教材教法的运用，应该以实际教学需要以及学生学习特性，做各种专业上的改变，以此提升教师的教学效能。为了有效开展教材教法的运用，教师应该注意以下几点：

1. 教材是可以改变的

传统的班级教学，教师采用的教材都是固定的，经过事先选择（例如版本）、讨论之后而采用的。因此，教材常常固定了教师的教学教法，使教师的教学无法灵活进行，学生的学习受到相当程度的僵化。因此，教师必须明确，教材本身只是帮助教师了解所要教学的知识系统有哪些、单元教学活动要求学生达到的基本能力有哪些。教师在面对教材时，可以依据自身的教学经验以及学生的学习需要做微幅的修正或调整，使得教材应用更为灵活，更为符合教师的教学需要。

2. 教材是可以改编的

教材内容的呈现方式为知识文本，非固定的知识系统。因此，教师在教学前的教学设计可以针对教学目标的准则、教学活动的需要，对教材进行改编，以符合教师和学生的需要。

3. 教法是可以修正的

教法是教师教学使用的策略（或方法），不是固定的或僵化的。不同的教法，可能达成不同的目标。在教学活动进行时，教师可以依据现场教学需要，修正自身采用的教学方法。例如：在自然与生活领域的实验教学中，如果实验器材欠缺时，教师可以由实验教学法改用观察教学法。

4. 教法是可以相互运用的

不同的教学方法之间具有相当程度的互补关系。教师在教学活动进行时，不宜固定使用某一特定的教学方法，可以依据实际需要，做各种教学方法的相互补充运用。同时，教师还应依据学科知识的不同，采用符合教学情境的不同教学方法。

5. 教材教法是可以灵活使用的

教师在进行教学设计与教学活动时，可以灵活运用教材教法，避免固定于某一特定教材教法，使教学活动失去灵活性与多样化。教师应该通过教学经验的累积，配合教材教法的运用，随时修正自己的教学模式，改变教学活动的认知，提供学生更多元、更丰富的教学活动。

（三）教材教法方面的创新策略

现代化的教师不应过度依赖教材，不应害怕改变教材、不应忌惮修正教材。唯有在教材教法方面，勇于挑战教材、修正教材、改变教材，才能使教学更富弹性。优质的教学活动既需要教师本身丰富的教学经验，也需要教师在教材教法方面的观念改变，来更迭教材教法的认知与经验，给予学生多元的学习机会。唯有教师在教材教法方面做出改变，才能配合教学效能的提升，使教学活动的进行更加多姿多彩，让每个学生从教学中得到成功的经验，拥有自我实现的学习机会。

在更新传统教学时，教师可以依据实际需要和教学现况，做下列的教学改变：在传统的教学中，加入新的教学元素将教学新文化纳入教学活动和模式中；开展经常性的研讨教学，明确重点掌握的知识；教给学生的知识可以实际运用在日常生活中；不应过度依赖教科书（或教材），应该做适度的改变。在能帮助学生学习的前提下，勇于改变教学；针对教学情境，运用不同的教学组织形式并评估其成效；善于改进成效不佳的教学活动；筛选现有的教材教法，以适合学生的方式呈现知识内容。

四、运用不同的教学组织形式

教师教学活动的进行，在组织形式方面包括"教师为中心"的教学、"学生为中心"的教学、"统整型"的教学。教师在选择不同组织形式的教学时，需要考虑班级教学的需要，以配合不同的课堂情境和教学方法。一般教师在教学多年以后，经过常年经验的累积、教学效能的思考、反省教学的需要等，偏向某一种固定的教学组织形式。有关教师教学组织形式的进行和应用，简要说明如下：

（一）以教师为中心的教学组织形式

以教师为中心的教学组织形式，强调教师决定教学活动的一切。一节课50分钟的教学活动，都是教师在主导教学的各个环节。在教学活动中，教师是主角，掌握教学决定权；学生是配角，配合课堂授课行动。教师为中心的教学，在教学气氛的营造、教学方法的运用、教学活动的设计、教学活动的进行等方面都是以教师为主的教学取向。

（二）以学生为中心的教学组织形式

相较于以教师为中心的教学组织形式，学生中心的教学组织形式在教师角色、学生学习方式、学业评量等方面做出改变，以学生的需求为主。教师从"教学主导者"改变为"助学者"，成为协助学生学习的角色。这一形式有效发挥了学生的主体地位，彰显了学生的个人价值。

（三）统整型的教学组织形式

统整型的教学组织形式，将教师中心的教学与学生中心的教学，整合成为兼重教师与学生的教学模式。在统整型教学中，教师应该让学生扮演"教学协同"的角色，让学生有机会参与教学，从教师与学生的双向互动中达成预期的教学目标，学生在教学中从被动听讲改为主动参与。

（四）学习效能的金字塔

学习效能的金字塔（参见图 2-1），针对教师的教学组织形式，配合学生的学习效能，做对比式的研究，分析教师的教学方式与学生的学习成效之间的关系，进而提出教学上的建议。有关学习效能金字塔，我们可以做以下理解：如果只听教师讲课，课程结束后，学生会记得 5% 的学习内容；由教师带领读一遍，学生会记得 10% 的学习内容，例如教师请学生将课文读一遍；教师使用多媒体设备（例如投影机、计算机等）辅助教学，学生会记得 20% 的学习内容；教师上课带领学生示范课本的知识或实验，学生会记得 30% 的学习内容；教师带领学生参与讨论，则学生会记得 50% 的学习内容；教师指导学生亲自实验在做中学，学生会记得 75% 的学习内容；教师指导学生将所学的概念教给别人，学生会记得 90% 的学习内容，例如请学生将语文的生字、数学的概念教给同伴。

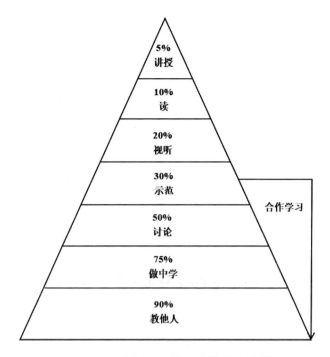

图 2-1 学习效能的金字塔

相关研究指出，大多数的中小学教师，在教学形态方面偏向"以教师为中心"的教学；在教学方式的运用方面，偏向"讲授""读""视听"方式的教学。因此，为了提升教师的教学效能与学生的学习效能，建议教师采用"讨论""做中学""教他人"的方式，才能提高学生的学习效果。

（五）教学组织形式的创新

学习效能金字塔的研究，既表明了教师教学组织形式与学生学习效能的关系，也指出了教师在教学上需要改进之处。优质的教师教学不仅需要教师本身的专业反省，也需要引进改进教学的方案研究。通过教师中心的教学、学生中心的教学、统整型的教学组织形式，可以帮助教师了解哪一种形式是适合自己的，哪一种形式是需要慢慢引入教学中的，哪一种形式是自己在未来的教学中需要给予考虑的。

教师的教学形式不管是"教师中心""学生中心"或"统整型"，只要对学生的学习有正面积极的意义，教师都应该做各种层面的改变。在教学形式的运用与改变过程中，教师可以考虑下列原则：教师应该在讲、读、听等教学方法的基础上做出改变创新；运用教师中心的教学之后，可以考虑运用学生中心的教学；统整型的教学对于教师和学生有正面的意义；教师可以在适当的时机采用教他人、做中学、讨论的教学法；将学生提出的"对教学的观点"作为改进教学的参考；教师还可以在教学中选择学生担任"教学助理"。

五、透过赞美让学生有成功的体验

教师要想成就每一位学生，就必须在教学中，将赞美的话语融入教学活动中。有关班级经营管理的研究指出，赞美是鼓励学生积极向学或改变行为的最好策略，因为所有的学生都喜欢被赞美。通过被赞美让每一位学生觉得学习是"有成就感的"，愿意在遇到挫折时，再一次挑战自己，投入困难的学习活动中。而在日常教学生活中，教师忙于追赶教学进度、疲于应对定期考核，对于学生在学习上的鼓励或赞美往往较少。因此，教师在教学中应该加强对学生的赞美，针对不同学生给予不同的赞美，以此来鼓励学生学习，激发学习动力。

（一）有效的赞美与无效的赞美

美国心理学家威廉·詹姆斯（William James）说过："人性最深切的渴望就是获得他人的赞赏，这是人类有别于低等动物的地方。"一般说来，人们对真诚评价自己的人具有好感。自己一旦受到某人赏识、喜爱，得到好的评价，就会由于受到称赞而使自尊心得到满足，对此人产生心理上的接近，因而也就减少了相互的摩擦，达到情感相悦，为良好的人际交往提供了心理条件。教师在与学生交流时，要学会使用有效的赞美，尽量避免无效的赞美。其中，有效的赞美及时而具体，指向学生的突出长处，重视学生付出的努力或取得的成功，并对达到具体指标的任务或成绩给予奖励，引导学生肯定自己好的行为。而无效的赞美随意笼统，不注重学生过去的成绩与现在成绩的关系，不关心学生付出的努力或成功的意义，将成功归因于学生的能力或外在因素如运气、任务简单等，表现出乏味的划一性。[①]我们对比得出，教师的有效赞美与无效赞美具有较大差异（详见表 2-3）。教师在应用赞美时，要懂得哪些是有效的赞美，哪些是无效的赞美。通过有效赞美的应用，提升学生的学习动机和学习参与。

表 2-3 有效与无效的赞美

类型	有效的赞美	无效的赞美
表现形式	具体	概括、笼统
	指出学生的表现	仅止于分享
	帮助学生意识到自己的进步	与其他同学比较
	成就归因于努力与才能	成就归因于运气
	聚焦学习任务的相关行为上	聚焦学习任务之外的部分

（二）赞美的教学效果

有效的赞美运用教学之中，可以提升学生的行为表现，降低学生的反社会行为，进而提升教学效果。因此，在实际教学应用中，教师应注意以下原则：具体的赞美语言，例如"你的作业都准时完成，值得给予鼓励"；指出学生的行为表现，例如"你在上课中可以提出自己的见解，是一种很好的行为表现"；帮助学生了解自己的进步情形，例如"你的英文单词背诵有

---

① 何秋菊：《教师的沟通艺术》，《科教导刊（上旬刊）》2012 年 6 月 5 日，第 118~119 页。

进步，值得给予鼓励"；协助学生将成就归因于努力和才能，例如"这次的数学考试成绩进步了，都是因为你在数学运算上的用心和努力"；针对学习行为给予鼓励，例如"在上数学课时，你特别用心，值得给予称赞"。

（三）透过赞美成就每一位学生

每个人天生都喜欢被接纳、被称赞的感觉。受到他人的赞美，不但可以提升自信心，也可以感受到自己努力后的成就感。教师在班级经营中，应该透过赞美的方式，鼓励每一位学生，成就每一位学生，让每个学生喜欢班级的学习氛围，喜欢教师的教学活动，在遇到困难时进行自我鼓励。教师还应该了解班级每一位学生，需要哪些类型的赞美、哪些实质的鼓励，从而对学生进行针对性的有效夸赞，使学生获得学业成就感。

（四）教师赞美学生的策略

学生如果在班级生活中，被给予过度的奖励与赞美，容易失去自我管理的能力。但是适当的赞美对于学生具有正面积极的效益。当学生在学习中遇到挫折时，需要教师给予适时的赞美。通过赞美的神秘魅力，推动学生"再度学习"的动力；通过教师的积极鼓励，激发学生"正向能量"的形成。教师不一定要懂得各式各样的教学方法策略，但是一定要在教学中，懂得随时运用各种赞美的策略，透过赞美成就每一位学生。

教师吝于运用"赞美策略"，或不擅于运用"增强策略"，不利于教学效果的达成。因此，教师应该在教学策略的运用上，多用心思、多做改变、多方运用。在教学赞美的实践应用中，教师可以考虑下列几项原则：了解有效赞美与无效赞美的差异；提醒自己常常运用有效赞美于教学中；经常性地反省班级教学，运用鼓励策略；问问自己今天的教学是否忽略了赞美学生；教师赞美学生要能顾及每一位学生的感受；拟定教学计划时，要记得将赞美纳入教学设计中；当教师觉得教学效果不佳时，要先深思是否少用了赞美策略；透过赞美激发学生的学习正向能量。

六、对教材进行生活化的处理

教师在教学中所依赖的教科书经常因远离实际生活，未将教师的教学与学生的经验相结合而受到批评。例如：数学领域的教材内容，常常和生活经验不契合，形成学生学习上的困难。教师想要在教学中，引导学生利用生活经验理解教科书的内容知识，就必须发挥"编修教材的专业能力"，将教科书中的知识，转化成为学生可以理解的"生活经验"或"生活知识"。

（一）教师应该具备的"教科书转化能力"

面对教科书繁琐的内容知识，教师可以考虑采用多元的教学方法，以"不违背教科书知识内容"的方式，用"学生可以理解的方式"进行教学。因此，教师应该具备教科书教学转化能力，促进学生对学科知识的吸收和掌握。

1. 修编教科书内容知识

在各学科领域教学时，教师应该清楚教科书只是将学生所要学习的知识内容，透过各种形式呈现出来。因此，教师不必依赖教科书教学，而是可以通过各种方式修编教科书的内容知识，将教科书转化成为学生容易理解的文本形式。

2. 运用各种教学转化能力

教学转化能力指的是"将教科书转变组织为学生可以理解"的过程，教师为了让学生理解教科书的内容"讲什么"，就必须透过转化、解释、举例、翻译等过程，用学生可以理解的经验、生活事件，说明教科书的知识内容，引导学生透过"实例讲解"方式，了解知识的内容。

3. 透过经验事件举例说明

知识的讲解与说明，需要通过生活经验和事件说明，才能让学生深入掌握知识的内容含义。例如：教师讲解地形和气温的关系时，可以考虑通过地图上的地名，用当地地形和气温说明地形和气温的关系，并且举过去多年来的气温纪录，印证地形和气温的关系。

4. 教科书知识和生活经验相互转换

一般而言，教科书在知识内容的呈现方面，由于版面数量或作者思考有限，无法将想要呈现的知识，通过教科书的文字和图样呈现出来，教师必须在上课时，调动起学生的生活经验，帮助学生理解深奥的知识。如果教师的教学活动，未能将教科书和生活经验相互转换，教学便成为了多重"抽象概念"的讲解，导致学生对教科书的概念无法充分掌握，陷入学习难的困境。

5. 教学中举实际的案例说明

在教学活动中，教师通过讲解实际的案例，与教科书中的知识内容相互印证，帮助学生理解知识的内涵，以及不同知识之间的关联性。通过实际案例的说明，将抽象知识和实际经验进行关联，学生可以充分调动原有的经验建构起新旧知识串联的体系，实现教学内容的深度理解和整体把握。

（二）设计与生活有关的教材

教师想要设计生活化的教材，就必须先熟悉教科书的内容知识，了解知识和生活如何相互结合，以及与生活有关的教材设计。那么，在具体的实践应用中，教师可以参考下列原则：

1. 在认知方面赋予概念意义

教师设计生活化教材的前提是将认知概念意义化。低年级学生常常会对某些新概念的解读认知不到位。这时教师可以通过实物、图像、音频等方式呈现相关概念。例如讲解微波炉时，教师可以用实体说明，或是采用照片讲解。

2. 将抽象概念具体化

教科书中所呈现的知识，多半是抽象化的概念组合，学生难以理解其具体内涵。因此，教师在教学前应该先将抽象概念具体化，通过案例演示开展教学活动。比如，数学课介绍立体几何时，教师可以采用多媒体动画教学的方式将立体几何的概念具体化，使其每个面、每条线都呈现在学生面前。

3. 强调整体概念的架构

整体概念的架构即教师对学科知识做到宏观的把握和理解，系统串联起每一部分的教学内容。通过整体概念的分析，教师可以提供学生具体明确的讲解，并且引导学生将教学内容与生活经验做紧密的结合。

4. 重视概念之间的关联性

不同概念之间具有相当程度的关联性，教师应该把握各学科内容的关联所在，围绕概念的联系展开教学设计。如此一来，学生可以将新旧知识联系起来，巩固旧知，理解新知。

5. 分析学科领域与生活的相关性

每一学科领域的教学，都和生活有着千丝万缕的联系。教师的教学活动应该针对不同领域的教学差异，分析各学科领域与生活的相关之处，深入挖掘教学生活案例，将生活中的经验事件引进教学活动中，增加教学的趣味性和生活化。

6. 结合生活经验开展题材教学

题材生活化与生活经验的结合，拉近了学生与课本知识的距离，有助于学生调动自身的认知经验，深入理解所学内容。同时，这也促进了学生热爱生活、热爱生命，在生活经验中寻找学习上的定位。

（三）教学生活化的策略

教学活动如果和生活经验差距过大，教学就容易成为抽象概念的总和，造成教学成效的失败，以及学业成绩的退步。教科书无法将全部的生活经验纳入其中，也无法全部呈现所有的生活事件。教师的教学转化和教学设计的能力是教学成功与失败的关键所在。当教师的教学与生活紧密结合时，可以提升学生的学习动机和参与，迈向"成功的教学"。

远离生活的教学活动，无法激起学生学习上的共鸣，而贴近生活的教学活动，利于学生在教学中做好学习定位。因此，教师在教学设计时，宜将生活经验与事件，作为验证教学的素材，并注意以下几点原则：厘清教科书中的知识形式，并与生活事件做紧密的结合；透过生活经验与事件的讲解，转化教科书中的知识概念；讲解概念时要结合实际的生活案例；讲解知识之后，请学生举出生活上的经验；运用"案例教学"或"档案教学"引导学生学习；教科书的知识应结合"本土化"与"地方材料"；当学生学习困难时，要先厘清概念的内涵是否需要改变；教师讲解概念时，一个概念宜配合多个生活经验。

七、帮助学生掌握"学习策略"

学习策略的运用，是学习成功的关键。如果学生在学习过程中，缺乏对学习策略的认知和正确的运用，就无法收到"事半功倍"的效果，而导致"事倍功半"的结果。教师在学科领域教学开始时，就必须让学生了解该学科领域的学习要领和学习策略，让学生在学科学习中正确运用学习策略，以提升该领域的学习成效。

（一）什么是学习策略

有关学习策略的涵义，国内外有相当多的文献。学者们针对学生的学习所采用的策略或方法，提出不同的观点和看法。其中，特里奇（Pintrich，1988）对学习策略的看法是，个人借助环境及可利用的资源来开展学习活动。其中，可利用资源包括研读时间、读书环境、他人（老师、同学）协助、学习者的努力及坚持程度。学习策略涉及两个方面：其一，经营策略，进行时间与研读环境的经营；其二，支持策略，开展同伴学习及寻求协助行为。除此之外，罗恩·弗莱（Ron Fry，1994）在"如何学习"当中指出，学习策略分为课前、课中、课后的学习准备。其中，学生在课前的准备包括：做完所有功课；复习笔记；思考问题；准备需要材料，比如，用两孔或三孔文件夹将一天或一周的笔记用订书机钉在一起，将笔记和讲义作业簿放在一起，以备随时查阅学习；心态准备，时刻保持积极投入学习的热情。课堂中的准备包括：环境准备，选择坐在前面，抬头挺胸，避免与会干扰你的同学同座；注意听口头说明，留意非口头传递的信息；问问题；必要的时候对教师的讲解进行录音；了解课堂学习内容的整体概念；对重要知识做笔记。下课后的准备包括：复习笔记；把新功课填入每周行事历中。

依据上述对学习策略的定义，学习策略应该包括下列几个要点：学习方法的运用；研读时间的运用；学习环境资源的运用；读书环境的营造；寻求他人协助的方法；支持学习策略的应用；寻求同伴学习及协助的方法等。因此，学习策略是在教与学的历程中，为了发展学生学习认知及满足内在动机而展开的富有成效、系统条理的学习方法、活动、计划及历程。

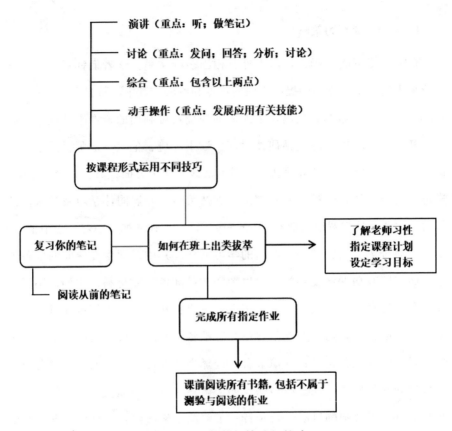

图 2-2 课堂学习策略架构表

（二）学习策略怎么教

教师想要教"学习策略"，就必须先了解不同学科领域的学习策略内容有哪些？这些学习策略如何运用在教师教学和学生学习中。以自然与生活科技为例，该学科的基本学习方法为预读实际的操作；当天整理作业簿；多做练习，记住原理、记号或公式；自己动手操作相关实验。而理科的学习则要注意以下要点：理化概念要和生活结合，重视逻辑和思考技巧；牢记理化公式，定期归纳整理知识，重点标示笔记内容；理解所绘图表。生物的学习要领为标记重点生物词汇概念；利用"实物对照法"理解学习；

做笔记时尽量附上相关图片，并划重点。

教师应该将上述学习策略的要领与诀窍，融入学科领域的教学，随时在教学进行中，指导学生运用学习策略以加强学习效果。

（三）学习策略的创新

教师教学活动的进行，应该包括教师教学方法与学生学习策略的相互融合。好的教学方法，需要结合优质的学习策略，才能收到预期的效果。教师想要提升教学质量，就需要在教学中随时引导学生运用良好的学习策略，来取得加倍的教学效果。教师在教学中教给学生如何运用学习策略，指导学生"从效能中进行学习"，而不是从"尝试错误中学习"。

教师教学活动的进行，要顾及学生的学习情形，保证学生的学习成效，了解学生的策略运用。因此，教师要兼顾平衡好教师教学与学生学习的关系，就必须围绕学生的学习策略展开教学，指导学生利用有效的策略进行学习。教师可以在创新教学策略中注意以下要点：每一单元的教学都拟定有效的学习策略；在单元教学开始时，教导学生掌握该单元的学习策略；随时注意学生应用学习策略的情形是否正确；指导学生进行单元教学的笔记工作；通过"学习策略"的应用了解学习问题的症结所在；改变教学方法与改变学习策略同步进行。

八、强化学生的自律性学习动机

动机是激发、引导及持续行为的一种内在状态。心理学家对动机的研究探讨重点在于：激发个体行为的初始原因为何；何种原因使个体导向特定目标；什么原因支持个体达成该项目标。其中，在班级生活中如何运用动机理论来激发学生的学习动机，促使学习者愿意花更多的时间在学习活动上，往往是教师最关心的话题。

（一）动机的概念

动机是一个概括性的术语，它概括了所有引起、支配和维持生理和心理活动的内在过程，指引起和维持个体活动，使活动朝着某个目标产生行为的内在动力。动机源于拉丁文 movere，即推动的意思，它是一个解释性的概念，用来说明个体为什么有这样或那样的行为。依据心理学名词辞典的解释，"动机是推动人类行为的内在力量。他是引起和维持个体行为，并将此行为导向某一目标的愿望或意念。"

动机可以是意识到的，也可以是无意识的。它是人的活动的推动者，体现着所需要的客观事物对人的活动的激励作用。动机虽不能直接观察，但可通过分析个体的任务选择、个体对活动的努力与坚持程度以及言语表达等部分行为表现，间接推断个体的行为动机。

引起动机的条件主要有内在条件和外在条件，它们共同起作用。引起动机的内在条件是人的需要，动机在需要的基础上产生。某种需要得不到满足，就会推动人去寻找满足需要的对象，从而产生个体的活动与行动动机。需要是个体行为积极性的源泉，动机则是这种源泉和实质的具体表现。例如，学生的学习动机，就是学生学习需要的具体表现；再如，人的吃喝行为，就是满足人的饥渴的内在需要。动机和需要紧密地联系在一起，离开需要的动机是不存在的。当需要在强度上达到一定程度，并具有满足需要的对象存在时，就引起动机。引起动机的外在条件是能够满足需要的事物，它们经常诱发动机，因此被称为诱因。诱因是驱使个体产生一定行为的外在条件，是引起动机的另一个重要原因。例如，价格的贵贱可能成为个体做出购买某物行为的诱因。诱因分为正诱因和负诱因。正诱因是指个体因趋向或接受它而得到满足的诱因；负诱因是指个体因逃离或躲避它而得到满足的诱因。例如，对于酷热来说，凉风是正诱因，日晒是负诱因。诱因可以是物质的，也可以是精神的。

个体在某一时刻具有一定的需要，同时有诱因存在，且这种诱因符合社会规范的要求，此时就能产生动机。例如，人都有进行社会交往的需要，但若身在孤岛，缺乏必要的交往对象，这种交往需要就无法转化为交往动机，也就不会产生社交行为。人只有在群体中才会产生交往动机并进行交往。可见，需要和诱因是形成动机的两个必要条件，需要强调动机中个体的内部力量，诱因强调动机中的外部环境。

人的活动是由一定的动机激发，并指向一定的目的。动机和目的之间的关系是很复杂的。动机是激励人去行动以达到目的的主观原因。而目的是活动期望达到的结果。在简单的活动中，动机和目的可能是完全一致的。在活动目的相同的情况下，动机可能不同。例如同样以升大学为目的，有的人可能是想为社会贡献自己的一份力量；有的人可能是为了替父母争一口气；有的人可能是为了提高自己的社会地位。另外，动机和目的是可以转化的。在一种情况下是动机的东西，在另一种情况下可能成为目的。学校教育中经常强调培养学生目的，其实也就是在激发和培养他们的学习动机。

（二）动机理论

截至目前，心理学家对动机的探讨包括行为取向的动机理论、人本取向的动机理论、认知取向的动机理论及社会学习取向的动机理论，详述如下：

1. 行为取向的动机理论（behavior approaches to motivation）

行为取向的动机理论源自于行为学派的学习论，认为个体的学习是外界刺激与个体反应之间的联结关系。此种关系的建立受到增强、惩罚、模仿、抑制等的影响。通过外部增强，提供学生各种等级、酬赏、分数等外部刺激，可以激励学生的学习动机进而增进学习效果。因此，教师可以运用各种增强策略、惩罚策略以及行为塑造策略来激励学生。

2. 人本取向的动机理论（humanistic approaches to motivation）

人本取向的动机学习理论认为个体行为的养成并非如行为学派强调的那样，具有被动性，而应该是个体主动积极、自由选择、自我决定以及自我实现而形成的。人本学派对学习行为的养成强调主动的观点，重视激发内在心理趋力。学习应该是满足个体内在心理需求与自我实现，并非受外在因素的影响。因此，教学活动的进行应该关注个体的心理需求，针对学生内在心理特性拟定激励策略，以更人性化的方式激励学习者愿意参与学习。

3. 认知取向的动机理论（cognitive approaches to motivation）

认知取向的动机理论认为，人的动机是个体内部知、情、意、行密切联系的统合过程，认知是动机的一种重要成分。这里的认知，主要是指个体在动机过程中的主观意识。由此看来，学习的形成并不全是对外界事件或生理状况进行反应，而是对这些事件进行心理认知解释，激发个体内在动机，以满足学习上的心理需求。

4. 社会学习取向的动机理论（social learning approaches to motivation）

社会取向的动机理论是糅合行为学派与认知学派的观点，认为动机的产生是个体对达成目标的期望以及该目标对个体所产生的价值而定。个体动机的产生大部分是通过社会认知而来，并非仅满足于外在因素或内在需求。学习者会为自己拟定可达成的目标，而后通过各种策略与努力达成既定目标。

（三）强化学生自律性学习动机的步骤

学习活动的产生与持续总有其内部的、心理上的原因，这种内部的、心理上的动因就是学习动机。自律性学习动机的掌握可以加强并促进学习活动，激发学生学习兴趣，帮助学生获得较高的学业成就。因此，教师应该激发并强化学生的自律性学习动机，具体步骤详见图2-3。

了解高成就动机者的行为特征

教师想要提升学生的学习动机，必须先了解高成就动机者的行为特征有哪些？例如具备耐心、细心的心理特质以及良好的情绪管理等。教师必须将高成就动机者的行为特征转化成为可教导的策略或方案，教导学生模仿高成就动机者的行为模式并进而成为自己的行为模式，如此才能提高学习动机。

设定适当的具体目标

学习者在学习过程中之所以会缺乏兴趣，通常和自我要求过高或他人的期望标准过高有关。教师应针对学生的学习表现制定适当的具体目标，在教学中给予学生各种成功的机会与自我实现的可能，通过各种表现让学习者对学习活动充满信心，进而激发学习动机。

拟定自我调整策略

增进学习者成就动机的另一种策略就是运用自我调整策略（self-regulation），指导学习者依据自己的能力判断，包括自我观察、自我判断、自我强化三个主要步骤。自我观察的策略在于对自身学习过程进行监控，了解自己在学习方面的表现情形，清楚自己的表现和终点目标有多少差距，将自己的学习做有系统的记录；自我判断指的是依据自己的学习成就和能力制定比较具体可行的策略，避免将目标定得过高，导致对学习产生挫折焦虑；自我强化指的是依据自己制定的目标评量学习成果，针对自己的学习表现给予适度的奖励，如果表现未如预期的话，则施加适度的惩罚（例如减少休闲时间）。

图 2-3 强化学生自律性学习动机的步骤

（四）强化自律性学习动机的方法

教师想要让学生在学习中以自动自发的方式参与学习，就必须在平时养成学生自律性动机的习惯，并且让学生将此种学习动机应用在班级学习当中。唯有通过自律性动机的强化，才能提升学生的学习参与，增强教学效能与学习效果。

教师在运用策略提升教学效果时，应该针对有不同学习成就与学习动机的学生的行为表现，拟定不同的提升动机策略，作为激发学生学习成效策略之用。在强化学习动机方面，教师可以考虑下列改变：教师应了解高成就动机学生的行为特征；将高成就学生学习动机转化成为具体可用的教学策略；自我检视是否对学生的学习成就标准要求过高；教师应该设法让每一位学生对自己的学习充满信心；通过对学生学习信心的激发，鼓励学生进行"学习的自我挑战"；指导学习者依据自己的能力判断，包括自我观察、自我判断、自我强化三个主要步骤；检视教学活动是否用对了"动机策略"；教师应该在教学中运用不同取向的动机策略，并且了解不同动机策略的使用效果。

九、进行有效的课堂讨论

课堂讨论是课堂教学的重要活动，它是促进学生主动学习和提高教学质量的最有效的方法之一。课堂讨论有助于学生的认知、个性和社会发展，有利于学生获得知识和提升高级思维技能。有效的课堂讨论是提升当前课堂教学质量的重要保证。在课堂教学中，开展有效的课堂讨论则依赖于一定的教学策略，其中比较重要的策略有三，即有效提问、有效倾听和创设良好的课堂气氛。

（一）有效的课堂提问

课堂提问是课堂教学的重要环节，是有效教学的核心。正如德加默（C.DeGarmo）所言，"提问得好即教得好"。有效课堂提问能激发学生的学习兴趣，鼓励学生的课堂参与，引导学生进行创造性思维，从而提高教学效率。课堂教学中，几乎所有教师都要进行课堂提问，但并非所有课堂提问都是有效的。能否提出有效的问题是决定课堂提问质量好坏的最重要因素。对此，国内有关研究者已经进行了深入研究。其中比较有代表性的观点认为，有效的问题应该具备以下 7 个特征：问题的范围要确定；问题的表述应当简洁明了；问题应当有思考价值；问题的内容要适合学生的水平；问题的内容要有价值；问题的语句不要直接用教科书上的文字；问题要有组织、有系统。[①] 除此之外，还要注意从以下三个方面来提高课堂提问的效率。

1. 要给学生预留充分的候答时间（waiting time）

在课堂讨论过程中，教师最好不要预先叫到某个学生，再向他提出问题。如果这样，没有被喊到名字的同学由于没有回答问题的压力，就可能分散注意力，失去了思考问题的兴趣和动力。当然，教师更不能叫到某个同学名字后，就立刻向他提出问题。因为这样，学生会由于缺乏必要的准备而变得紧张，就不会很好地作答。因此，课堂讨论中教师抛出问题后，应该给学生一定的思考和准备的时间，也就是说，课堂讨论的正常开展需要遵循一个"发问—候答—作答"的过程。有研究发现，在教师提出问题与让学生回答问题之间，停顿 3 ～ 4 秒钟时间比较合适。如果时间太短，学生就没有酝酿和思考的余地，思考得不够充分，就不能很好地回答问题，从而降低课堂教学效率。同样，在学生回答问题结束后，教师也应该留出一定的时间间隔，让其他同学对刚才回答的问题做出初步判断和思考。研究表明，在教师提问和学生回答之后，分别等候 3 ～ 5 秒钟时间，学生回答的次数就会增加，回答的质量也能提高，学生思考的深度也会提升。另外，随着候答时间的延长，学生之间的交流就会增多，不会回答的情况就会大大减少。这启示我们，在组织课堂讨论的时候要尽可能留有充分的"候答时间"，待全班学生积极思维、跃跃欲试时再让学生回答。

---

① 王坦、陈泽河：《布鲁纳—特内教学提问模式》，《山东教育》1987 年第 10 期。

2. 注意对学生的回答要进行追问（probing responses）

在课堂讨论中经常发生这样的情况，那就是学生回答得不全面、欠妥当或者只涉及问题的一部分。这时，教师进行及时追问就显得尤为必要，它会促使学生深入理解，用更多的事实或材料去证明他们的观点或判断，促进学生进一步补充、修正或完善他们的观点，从而把思考引向深入，提高回答问题的完整性、全面性和深刻性。

在课堂讨论中，教师要根据具体情况采取不同的追问方式。有的同学可能缺乏清晰的理解，思维模糊，回答过于笼统而不具体，教师可提出要求进一步澄清的问题，如"你能为你讲的举个恰当的例子吗？""你能换另一种说法吗？"当学生的思维一直停留在事物的表层时，教师可提出要求进一步深入的问题，如"为什么……""怎样才能""你能进一步阐释一下吗"，从而把学生的理解引向深入；当学生思维和回答不是建立在之前发言的基础上时，教师可提出要求辨认发言相关性的问题，如"你讲的内容与刚才 xxx 的内容有联系吗"，以提示学生不要偏离讨论的主题，使学生的思维回到相关问题上来；当学生因为紧张或其他原因而回答不畅，甚至出现沉默现象时，教师就要及时进行补充性的追问，譬如"你的意思是不是这样？""对于你的观点，我是不是可以理解为……？"等等；当学生不能对自己和其他同学的发言进行概括和总结时，教师可提出概括总结的问题。

当然，教师在进行追问的时候，首先应该听清学生的回答，而且教师的追问应该在融洽的气氛中进行，不应该带有强迫的性质。

3. 要避免无效提问

课堂教学的目的是帮助学生掌握知识、发展能力和提高思维水平，而课堂提问则是实现这一目的的重要手段和环节。有效的课堂提问能使学生巩固知识、激发学生的学习兴趣、促进学生深入思考。而无效提问不仅不能帮助学生巩固知识，还会使学生对学习失去兴趣和信心，降低学习效率。因此，课堂教学中教师要尽可能避免无效的提问。

一方面，教师尽量避免提出"是与否"的问题。在课堂教学中，不少教师经常提出类似的问题，让学生简单以"是""否"来作答。这种问题的局限性在于：第一，鼓励学生猜测。因为即使学生不知道正确答案，也会有50%的机率猜对。如果教师此类问题问得太多，学生很容易揣摩教师并找到正确答案的提示，而不是集中于问题本身；第二，选择性问题的分析含量低。因为具有猜测性质，学生对这类问题的回答并不能说明他们是否真正理解了学习内容。如，教师问"这是第一次，对吗？""对吗？我觉得这是第三次。""是这样吗？"这类问题似乎是教师的一种习惯性提问，但它往往对学生没有任何的促进作用。另一方面，教师避免提出带有"强迫式"和"命令式"的问题。在课堂教学中，不少教师愿意提出带有明显强制色彩的问题，期望学生做出预期的回答，这样的问题也是无效，甚至是对学生发展有害的。譬如有些教师上课的时候，经常拿"是不是""好不好""对不对""可不可以"来问学生，学生的回答也是千篇一律的"是""好""对""可以"等等。这种提问方式很容易使学生的思维受老师的牵制，压制学生的发散性思维和创造性品质。

（二）有效的倾听

教师的倾听有利于促进课堂讨论的开展和深入。斯特罗瑟（Strother，1987）把"倾听"定义为"口头语言转化为大脑信息的过程"。斯特罗瑟的研究表明，在一般的课堂讨论中，一个人至少有45%的时间是用来倾听的，讲的时间占到30%，阅读和书写的时间分别占16%和9%。可见，课堂讨论中，有效倾听对课堂讨论至关重要。当然，有效倾听靠一定的教学技巧来实现。这些技巧主要有"眼神交流""运用面部表情"和"肢体语言"，与学生保持一定的空间距离，以及合理运用"沉默"的方法等等（见表2-4）。在课堂讨论中，教师如果期望训练学生较好的倾听技巧，就必须在课堂上做认真倾听的榜样。

表 2-4 有效倾听的基本策略

眼神交流	要和学生保持眼神的交流
面部表情	运用各种丰富的表情与学生交流
肢体语言	要运用恰当的体态和各种手势语
空间距离	根据情境调整与学生面对面的距离

1. 加强与学生之间的眼神交流

眼神是教师与学生进行信息和情感交流的微妙渠道。教师的眼神影响着学生的心境和态度，对学生的情绪会产生极大的暗示和感染作用。教师善意的眼神会使学生产生一种轻松愉快、自然明朗的情感，并能激发学生的学习动机。师生眼神接触和交流的时间越充分，教师获得信赖、学生兴趣被激发的可能性就越大。师生眼神交流表现出来的"期望效应"十分明显，善于正面注视全体学生，以及经常与学生保持眼神交流的教师，可以获得较好的教学效果。因而，在集体讨论和个别谈话中，教师要经常通过眼神与学生进行交流，这和语言的交流同样重要。在课堂讨论中，如果教师以期待的眼神注视着学生，就能让学生感受到老师对他回答的内容很感兴趣。但是在运用眼神进行交流的时候，教师要首先了解每个学生的个性特点。这一点很重要，因为有些学生可能会对眼神的直接交流感到不舒服。

2. 合理运用面部表情

面部表情是一个重要的非言语交际手段，它是近四十年来一个引人注目的研究领域。面部表情是一种表示感情的身体语言，是人们表达自己情感与意向的最有力、最直接的方式，面部比言语能更快地表达人的情感。实际上，面部是人类将自己的感情与态度传递给他人的最重要的非言语渠道。比如，心理学家阿尔特蒙荷拉比（Altmon Holabi）在一系列实验的基础上，得到这样一个著名的公式：一句话的影响力 =7% 语言 +38% 声音 +55% 面部表情。从公式中，我们可看出教师的面部表情对于学生接受信息具有重要的强化作用。在课堂讨论中，教师的面部表情能使学生直观地了解到教师对他刚才回答内容的反应。例如，微笑和皱眉向学生传达的态度和信息是不同的。因而，要想促进有效的课堂讨论，教师需要特别注意自身的面部表情，合理运用面部表情来调动学生的情绪，促进学生的课堂参与，激发学生的讨论兴趣和谈话的积极性。

3. 善于运用肢体语言

肢体语言也是教师辅助语言表达的一种重要方式。手势语就是一种很重要的肢体语言。手势语主要是指人的手掌、手指和前臂的动作，它能传达非常重要的信息。恰当的手势具有指示、象形、情意等多种功能，它对教师的言语表达起着辅助和强化的作用，是课堂讨论中不可缺少的方式和手段。

教师在课堂讨论中怎样才能恰当运用手势呢？首先，要做到合理。所谓合理，一是指教师的手势要与所讨论的内容一致；二是指教师手势的多少要恰到好处，不能过多，也不能太少。其次，要合适，即在不同的场合中要运用不同的手势语。具体到课堂讨论中，教师要考虑到在什么样的情境中运用手势语，考虑在什么样的讨论话题中运用何种手势，还要考虑学生对象的不同来选择不同的手势。三是要和谐自然。教师的手势不要过于夸张，不要矫揉造作，而应该与言语表情、面部表情、体态等动作和谐自然。只有和谐自然的手势才能展现教师真实的情感，引发学生情感的参与，激发学生的兴趣，不和谐的手势，会使学生反感，降低学生倾听和讨论的兴趣。

4. 与学生保持合适的空间距离

美国人类学家爱德华·霍尔（Edward Hall）把人们在不同场合下，对不同的人、为了不同的目的而进行的语言交际概括为四种不同的距离。①密切距离（Intimate distance）：两者相距 18 英寸。②私人接触距离（Personal distance）：两者相距在 18 英寸到 4 英尺之间。③社交距离（Social distance）：两者相距在 4 英尺到 12 英尺之间。④公众距离（Public distance）：双方应相距在 12 英尺以上。霍尔研究发现，谈话者之间不同的距离所暗含的信息是不同的，它会表明谈话者之间感情的亲疏，暗示对谈话内容是否感兴趣，还能投射出双方倾听的态度是否积极。在课堂讨论中，教师与学生之间要保持一种合适的空间距离，这也是教师有效倾听的重要技巧。研究显示，谈话过程中过近或过远的距离都会影响到讨论者的心情和态度，不利于课堂讨论的进行。教师与学生合适的距离应该保持在 18 英寸到 12 英尺之间。如果距离小于 18 英寸，会使学生感到不自然，甚至有点窘迫；如果距离超过 12 英尺以上，会表明师生关系比较疏远或教师对谈话的内容并不感兴趣。

（三）创设良好的课堂气氛

要想提升课堂讨论的效果，教师除了要重视提问和倾听的技巧之外，还必须重视创设良好的课堂气氛。所谓课堂气氛，是指课堂上各种因素的综合效应，"是师生之间、学生之间相互作用的一种情感氛围"，它是基于生理的、心理的、社会的和智力的等多种因素影响而形成的。课堂讨论的有效性在很大程度上取决于课堂气氛的好坏。有什么样的课堂气氛就会塑造什么样的课堂。研究发现，创设良好的课堂气氛的关键是教师对学生的认知和情感提供充足的支持。教师的某些"支持性行为"，譬如"对学生口头表扬""鼓励学生""认同学生的观点""对学生表示感谢"等等都有助于塑造积极的课堂气氛。（见表 2-5）

表 2-5 创设良好课堂气氛的策略

表 扬	用语言和非语言方式强化学生努力
鼓 励	用口头语言鼓励学生参与
观点认同	接受并认同学生的观点
对学生表示感谢	对学生参与讨论的贡献表示感谢

1. 对学生口头表扬

在各种不同的课堂中，口头表扬是教师塑造良好课堂气氛的重要方法。口头表扬的方式可以通过对学生的评价来呈现，像从笼统的评价"好""很不错"到针对回答内容而展开的具体评价。关于后者有这样一个例子："杰米，这是一篇优秀的报告。你不但组织得有条理，形式美观，而且你得出的关于地球变暖的结论也很有意义，这个结论值得我们全班讨论一下。"很多情况下，学生取得的成绩和成就经常被认为是理所当然的，因而教师可能会忽略对学生的表扬。实际上，表扬会强化学生的课堂行为，促进学生的课堂参与。课堂讨论中，教师应经常寻找机会给学生以真诚的表扬，但是不要刻意追求数量，因为并非是表扬次数越多越好。有时候过于注重表扬的次数反而起不到应有的激励效果，这就违背了教师的本意。另外，教师对学生表扬的时候还要注意以下四点：要用自然的语调进行表扬，要明确肯定学生取得的成绩，要确保肢体语言必须与口头语言保持一致，此外还应该更多地流露自己的情感。

2. 认同和再述学生的回答

另外，教师也可以通过认同学生的观点来创设良好的课堂气氛。在课堂上，学生会经常发表他们的观点，教师首先不应该漠视他们的回答，而应该给予充分重视，哪怕回答得并不理想。对教师来说，真诚表达他们对学生观点的认同和对学生的回答进行必要的再述和阐明是非常重要的，这有利于创造良好的课堂讨论氛围。

认同学生回答的方式有很多，譬如"好的""嗯""对""不错"等等，这些虽然都是含糊其辞的语言，但却能表示对学生已经做出的回答给予认同。这种类型的回答，对于鼓励学生讨论问题是十分有效的。当学生的回答被一种含糊的方式承认时，全班同学便知道问题还没有讨论完，其他同学可能会提出对讨论有益的新观点、新思想。

教师如果能重复学生刚才的回答，也就向学生表明了自己对问题的重视。当学生的回答过于冗长，教师可以做一下简单归纳，从而使观点更清晰、重点更突出。比如，"我这样理解……不知是不是准确？"这样的归纳句式是可以经常用到的。有时候，当学生在课堂上表达了相关的观点时，教师可以对其进一步阐发。如果适宜的话，可以做详细的阐释。

3. 对学生的回答表示感谢

课堂上，教师表示感谢的语言也有助于创设积极的课堂气氛，有利于鼓励学生参与课堂讨论。之所以要求教师要经常对学生表示感谢，道理其实很简单，因为教师自身内心也有潜在的要求，也期望学生这样对待他们自身。在讨论过程中，即使教师不完全赞同学生的观点，但至少应该对学生提出的观点表示感谢，这能更好地鼓励学生的积极性，激发学生的兴趣和自信心，促使课堂讨论取得较好的效果。

当今新的教学理论日益引起人们的关注，建构主义所倡导的互动、对话和意义建构等理念成为教学实践所追求的重要方向，课堂教学中越来越多的教师都开始重视师生之间的讨论与对话，重视"讨论式"教学方式的运用。新课程改革背景下，广大教师如果能深入理解和掌握以上有效策略，将有利于提高讨论式教学的效率，提升课堂教学的质量。

第三章　多元文化教学

本章主要内容是多元文化教学，包括多元文化教学概述、推进国际理解教学、开展乡土美感教学、开展环境教育、挖掘民间游戏资源、有效运用图书馆资源等内容。通过多元文化教学活动，引导学生更好地认知自身、认识他人，进而拓展多元理解。

一、多元文化教学概述

多元文化的主要精神在于"同中求异、异中求同"，多元文化教学强调学生在了解自己的同时，也要了解周围的人和事物。

（一）多元文化教学的目标

多元文化教学是一个持续性的、发展性的长期过程。多元文化教学不是为了解决某一特定问题而进行的改革，而是人们致力于促进不同文化或种族的社会公平和机会均等实现的长远目标。多元文化教育的目标，存在不同的表述。①

---

① 王鉴、万明钢：《多元文化教育比较研究》，民族出版社 2006 年版，第 256 页。

美国文化学、教育学专家詹姆斯·A.班克斯（James A. Banks）指出，多元文化教学的目标有三个：一种理念的反映；一场教育改革的运动；一个持续的过程。首先，作为一种理念，多元文化教学探寻并创造对所有学生的教育机会均等，包括不同民族、社会阶层的学生；其次，多元文化教学也是一个持续的过程，这是因为多元文化教学的目标和理想需要广大教师和教育行政人员长期不懈的努力才能实现。[①]

一般而言，多元文化教学实施的目标分为认知、情意和技能三个层面。它的主要精神在于培养学生理解与尊重的多元文化素养，认识不同的文化知识，面对不同民族能相互欣赏、尊重认同，并肯定多元文化的价值，且具有良好的文化沟通、文化体验能力，并进而消除文化和种族偏见，并能促进不同文化、民族间的和谐与共处。

（二）多元文化课程的设计模式

多元文化课程设计的模式主要是依据多元文化教学目标而来的。通过课程设计与教学实施，强化并修正学生的自我认识与认识他人的基本能力或素养。有关多元文化教学课程的设计模式，以班克（Bank，1993）提出的课程设计模式（见图3-1）为主。该模式主要分为四个阶段：第一阶段为贡献模式，此阶段的特色在于把不同地区的节庆习俗等乡土历史文化加入课程设计中；第二阶段为附加模式，此阶段的特色是在未变更主流课程的基本结构、目标和特征的前提下，加入和不同地区文化有关的内容、概念、主题和观点；第三阶段为转型模式，此阶段的特色在于改变课程典范和基本假设，让学生从不同地区文化的观点，探讨概念、问题和事件；第四阶段为社会行动模式，此阶段的特色在于让学生对所探讨过的概念和社会议题，做出决定，并用实际行动解决问题。

---

① 王鉴、万明钢：《多元文化教育比较研究》，民族出版社2006年版，第237页。

第四阶段：社会行动模式（the social action approach）
让学生对所探讨过的概念和社会议题，做出决定

第三阶段：转型模式（the transformation approach）
改变课程的典范和基本假设，让学生从不同地区文化的观点，探讨概念、问题和事件。

第二阶段：附加模式（the additivea approach）
在未变更主流课程的基本结构、目标和特征的前提下，加入和文化有关的内容、概念、主题和观点。

第一阶段：贡献模式（thecontribution approach）把不同地区的节庆习俗等乡土历史文化加入课程设计中。

图 3-1　多元文化课程设计模式图

在上述多元文化课程设计模式中，教师可以通过课程与教学的实施，采用渐进方式，教导学生理解多元文化的概念，并慢慢改变学生的传统观念，修正对多元文化模式的错误理解。

（三）多元文化的教学策略

在国内外的教育体制中，多元文化教育已经实施多年，并取得了显著成效。近几年来，多元文化教育越来越被社会大众重视，且在学校教育中积极落实。未来，多元文化教育的核心素养问题势必成为学校教育改革的重要议题。

多元文化的教育理念不在于标新立异，而在于相互包容、相互融合、相互尊重、相互关怀，在于接纳自己并尊重他人。因此，教师的教学活动，不应该仅限于教科书的内容知识，也应该将学生的学习视野，扩展到教科书以外的地方。在教学活动中，教师要传授给学生正确的主流观念并举具体的例子说明；改变课程与教学的设计，从而引导学生从不同角度思考存在的各种文化议题；随时提醒学生尊重他人，并说明不尊重他人的做法有哪些；教导学生勇于解决文化差异问题，并建立多元文化思维模式；关注考虑班级中不同性别、年龄学生的教育需求；随时调整自己的多元价值观；在教学中加入与多元文化有关的主题和内容。

二、推进国际理解教学

随着多元文化的兴起，"国际理解教学"这一概念出现在教育领域。为了促进学生国际化视野的发展，学校有必要推进国际理解的教学模式，培养包容合作的学习氛围。

（一）国际理解教学的内涵

在世界逐渐变成"地球村"的时代，各个国家之间的联系日益增多，合作更加密切。与此同时，文化的多样性所产生的多元价值观进一步凸现出来。[1] 为了处理多元文化背景下产生的认知冲突，促进国际间的理解与合作，联合国教科文组织于 20 世纪 40 年代末提出了国际理解教学（Education For International Understanding）。目前，关于"国际理解教学"尚无统一的界定。其实，在不同的历史阶段，基于不同的背景，国际理解教学有不同的定义。日本学者桂正孝对国际理解教学的概念演变进行了梳理，并划分为

---

① 许锋华：《共生道德教育论》，华中师范大学出版社 2012 年版，第 201~202 页。

以下几个阶段："国际理解教学"（1947 年），"世界市民教育"（1950 年—1952 年），"世界协同社会生活的教育"（1953 年—1954 年），"国际理解与国际合作的教育"（1955 年），"国际理解与和平教育"（1960 年—1970 年），"国际合作与和平教育"（1960 年前后），"国际理解、国际合作、国际和平与人权及基本自由的教育"（1960 年前后）。[①]

　　通常我们所说的、普遍认可的对国际理解教学的界定是指：世界各个国家或地区在国际社会组织的倡导和提议下，以"国际理解"为理念开展的教育活动。其目的和宗旨是增进不同文化背景、民族、宗教信仰和不同区域、不同国家和地区的人们之间相互了解和宽容，加强彼此之间的交流与合作，达成共识和处理全球问题；促使每个人能够通过对世界的认识来了解自己和他人，将事实上的相互依赖变为有意识的团结互助，克服闭关自守的孤独形态，学会和平共处。"[②]从内容的角度，可以归纳为：在知识领域，包括和平、人权、发展、环境、国际理解和不同文化理解、对国际机构的了解；在态度领域，包括自我尊重、对他人的尊重、对生态环境的责任意识、对正义和平的责任意识、开放的心态、同情的态度、共同体意识等；在技能领域，则包括批判性思维能力、解决问题的能力、合作能力、想象能力、自我主张能力、解决矛盾的能力、参与意识、沟通交往能力。[③]

　　以上对于"国际理解教学"的界定至少包含以下三层基本含义：首先，国际理解教学要求我们以整体的视野来看待异质文化，促进跨文化和跨地域之间的人们相互理解，依靠教育领域的国际合作促进世界的和平与发展。其次，从本质上讲，国际理解教学本身就是一个不断发展的概念，现代国际理解教学的内涵也具有流动性。因此我们要以动态的观念来理解异域文

　　① 张宝石：《论普世伦理视阈下国际理解教育的建构》，《忻州师范学院学报》，2009 年第 4 期，第 99~104 页。
　　② 联合国教科文组织：《教育——财富蕴藏其中》，华东师范大学比较教育研究所译，教育科学出版社 1996 年版，第 34 页。
　　③ 姜英敏：《国际理解教育的发展及其问题》，《中国教育报》，2007 年 5 月 5 日，第 53~58 页。

化，这种理解不是静止的，而是不断生成、不断变化、不断发展的动态过程，这一观念将有效地避免对异族文化片面的、僵化的认识，从而消除不必要的误解。第三，基于人类共生、共存的纽带关系，为了人类的可持续发展，通过各种教育方式和手段，培养既热爱自己国家、民族、宗教、传统文化，又能够促进不同文化背景的人们之间的相互了解与宽容，使学生成为既具备国民自觉意识，又具有世界公民品格的人，同时达到人类的"共生""共赢"，是国际理解教学的终极目标。[①]

（二）国际理解教学的意义

国际理解教学所倡导的教育理念和教育目标是对素质教育的拓展与延伸，是对素质教育理论和内涵的充实和丰富。在多元文化兴起的背景下，国际理解教学具有至关重要的意义。

首先，国际理解教学有助于培养全球公民意识。全球化的世界需要有"以天下为己任"的全球公民意识。这种意识的培养是"国际理解教学"的价值意义，是孩子未来面对世界、应对各种挑战的基本出发点。[②] 在日益变动、多元交融又充满着对立冲突的世界里，国际理解教学通过传播全球知识与理念的方式，培养具备"开放包容力"以及宽广视野与格局的国际化人才，使学习者平等待人，真正地有一种能尊重、理解、接纳、融合不同文化、思想、传统及做事方式的胸怀和境界。[③]

其次，国际理解教学有利于多元文化认同。全球化是一个辩证性的动态过程，它不仅要求整合文化的多元特性，还鼓励人们建立多元文化认同。若人类思维无法与全球潮流同行并进，则势必在文化认同方面引起不必要的争端和对抗。国际理解教学的最高目标是改变更多的人，使人们彼此理解，相互包容，使不同文化背景的人走到一起，减少冲突，和谐发展。国

---

① 许锋华：《共生道德教育论》，华中师范大学出版社 2012 年版，第 203 页。
② 林敏：《兰花与"情书"：林敏教育随笔录》，上海辞书出版社 2018 年版，第 202 页。
③ 林敏：《兰花与"情书"：林敏教育随笔录》，上海辞书出版社 2018 年版，第 202 页。

际理解教学从跨文化沟通的角度，影响人们生活、思考以及行为的方式，协助人们来整合不同的文化认同与利益，以及经由沟通的过程来谈判与再造多元文化认同。[①]

最后，国际理解教学促进世界和平发展。国际理解教学基于"和平文化"的教育理念，核心是和平、民主、宽容、坦诚、明智等价值观念。在这种价值观的引导下，国际理解教学不同于一般意义上的拓展型专题教育，它是一种立意更高的地球村民价值观教育，具有思想引领作用。它将帮助学生面向未来，以维护地球生态文明的宽广胸怀，主动认识世界、关爱生命、学会合作，传承中华民族的优良传统，演绎年轻一代中国公民博大、宽容、健康、充满活力的天下情怀。[②]

（三）国际理解教学的策略

20 世纪后半叶以来，人类活动的全球化趋向日益明显，不同国家和不同民族之间的相互依赖关系日益加深。同时，世界的发展越来越不平衡，国际形势异常复杂而微妙。在此背景下，生活在具有多元文化形态的"地球村"中的学生，常常陷入认知冲突，容易产生对外来文化的盲目认同或者全面排斥等心理。因此，应该在教学中渗透国际理解教学，促进学生多元思维认知的发展以及开阔国际视野的形成。

国际理解教学的开展，最重要的一点是"寻找正确定位"。50 多年来，各国开展的国际理解教学一直在"民族性"与"世界性"的平衡中徘徊。例如：联合国教科文组织对国际理解教学的定义突出"世界性"；而很早就开展国际理解教学的日本，则出于开辟国外市场、在周边国家的青少年中改变日本战后形象的需要，在国际理解教学中特别强调"民族性"与"世界性"。"世界性"与"民族性"是文化交往中两个不同的发展方向。片面

---

① 于瑶：《现代商务英语的跨文化交际与应用》，吉林大学出版社 2018 年版，第 158 页。
② 陶华坤：《多元共存：论国际理解教育》，吉林出版社 2016 年版，第 3 页。

强调"世界性"是苍白无力的，而片面强调"民族性"往往会落入政治圈套。因此，我国在开展国际理解教学时，首先要正确定位，着力于实现"在民族自尊基础上的国际主义与在国际理解基础上的爱国主义"的统一。[①]

那么，在实际的教学活动中，教师可以运用以下教学策略来推进国际理解教学。第一，加强学生的外语能力。在教育方面想要达到国际化的水平，教师宜在课程与教学实施中，加强学生的外语能力。只有凭借语言理解能力的提升、语言沟通能力的促进，学生才能随时与国外联系、互动，了解多元文化形态。第二，加强学生的国际竞争力。学生国际竞争力的加强，首要在于了解不同国家的风情、民族性，达到"互助互争"的效果，并进而教导学生提升自己的能力，加强本国学生的国际竞争力。第三，教学方法与世界接轨。教师在教学方法的运用方面，应该设法与世界接轨。通过教学方法的运用，引导学生认识世界、接触世界，并进而熟悉世界。比如，教师可以基于本国学情与教情的实际基础，勇于变革采用国外新颖的教学模式，引进他国先进的教学媒体技术。第四，教材内容反映国际发展与趋势。在教材内容的规划设计方面，教师宜将国际发展与趋势等纳入教学设计。通过教学活动的实施，引导学生了解目前国际发展的状况，并进而清楚自身需要具备哪些基本能力。第五，课程设计融入世界议题。教师引导学生在对本民族主体文化认同的基础上，正确分析国际政治、经济发展状况，认识国家竞争与合作等问题。

三、开展乡土美感教育

传统的教师教学，过于依赖教科书的内容知识，缺乏对现实生活的反

[①] 王远美：《理解共享合作：国际理解教育的理论与实践探索》，北京出版社 2011 年版，第 4~5 页。

应。教科书中的知识，仅能反应全面性的知识体系，无法反应地区性的特色。例如：在早年的地理教学中，常有学生可以背出"长江流经哪些省份""黄河流经哪些省份""欧洲包含哪几个国家"等内容，却不了解"家乡的小溪在哪里""山东省总共有哪些县市"等问题。因此，如何在教学中培养学生对家乡的认同，提升热爱乡土的情感，成为教学中重要的课题。

（一）乡土美感教育的意涵

美是无所不在的，但并不是所有人都能感受美、欣赏美或创造美。正如罗丹所说："美是到处都有的。对于我们的眼睛，不是缺少美，而是缺少发现。"即使对同一个审美对象，不同的人由于社会经历、风俗习惯、文化水平、艺术修养、情趣爱好等方面的不同而产生不同的美感——人们对美的认识感受和反应。美感教育就是通过美、利用美向人们进行教育，使人们在对美的感受中激励情感，提高认识。美感教育是传递人类审美经验、审美成果的一种教育。美感教育可以培养人正确的审美观点、健康的审美情趣，提高人感受美、欣赏美、爱好美、鉴别美、利用美、创造美的能力。美感教育可以陶冶人的思想情操、启迪智慧、增强生活乐趣，是全面发展教育的组成部分。[①]

在实际教学中，美感教育的主要目的在于通过课程与教学，让学生拥有美感的基本素养。美感的基本素养，不仅包括传统观念上对美与不美的感知，同时包括知识、技能、情意、习惯以及个体与外界的沟通能力。美感教学最具代表性的学习形式为艺术学习。艺术学习强调让学生与外界有效沟通，以具备独特、智慧和敏锐的眼光来观察了解外界的事物，觉察客体的特殊性，让孩子用独特的方式来表达他们的感觉与感情，呈现他们的看法与想法。

因此，美感教育不仅仅指传统"美感"的观点，同时包括认知、技能、

---

① 郑慧英：《幼儿教育学》，福建教育出版社 2014 年版，第 110~111 页。

情意方面的教导与陶冶。通过美感教育的实施，可以引导学生从各个不同层面，认识外界事物的特殊性和个别性，进而掌握通过美感的眼光审视外界的能力。

（二）乡土美感教育的教学策略

美感教育需要打动受教育者的心灵，产生情感上的共鸣，方能达到良好的教育效果。美感教育不是简单的说服教育，不仅需要受教育者的情感参与，而且是一种实践性很强的陶冶性教育活动，在人与艺术美、人与自然美、人与社会美的互动中产生美的体验与感悟，形成美的意识、创造美的能力，逐渐内化为美的人格与素养。因此，乡土美感教育的实施应该遵循教育的规律，符合人的发展特点，以及时代发展的需要。[1]

乡土美感教育的实施应该从教学设计这一环节就开始考虑。教师可以将学生生活的场景和事物融入教学设计中，可以基于本土教育的理念开展乡土美感教育，引导学生了解家乡的历史，从家乡的历史发展中，把握自己的现在和未来。教师在开展教学设计时应该遵循以下步骤：了解学生所在家乡的风土人情、历史遗迹等乡土历史知识；将乡土素材融入学校课程与教学内容中；以融入式或外加课程的方式进行课程设计；开展土地美感课程与教学实施；进行成效评估并建立课程与教学模式；开展创新美感教育教学模式。

传统意义上的教学活动较少涉及到美感教育，尤其是对乡土美感方面的教学。因此，学生内心充满对居住环境的陌生感。当教师强调美感教育或教学美感时，应该基于美感的内涵来适当调整教学环节。因此，教师可以在实际教学中考虑以下策略：先厘清"美"和"不美"的重要概念；在教学中做"美"和"不美"概念的举例；请学生绘制家乡的地图，并标示出心中认为最美的地方；请学生用图片向他人介绍或（推荐）家乡风光；请

---

① 柯玲：《民俗教育原理》，光明日报出版社 2015 年版，第 132 页。

学生分享说明"乡土之美";创建"美感教学模式"并验证模式可行之处;每天至少和学生分享一则有关美的事件;教导学生热爱生活、欣赏家乡、分享美景。

四、进行环境教育

学校教育想培养学生对自己所处环境的热爱之情,应该从一般环境教育的实施做起。通过环境教育课程的实施,促进学生对生态知识以及生长环境的认识。

(一)环境教育的目标

国际社会从可持续发展的基本理念出发,把环境问题作为一个全球性问题、一个与个人生存与发展密切相关的问题的切入口,并深究其认识论的根源,认定环境教育"是一种全面的终身教育,一种能对瞬息万变的世界中各种变化做出反应的教育"。其目标具体表现在以下五个方面:第一,意识,即要唤起社会群体和个人对待环境及其相关问题的意识和敏感性;第二,知识,即要帮助社会群体和个人获得对待环境及其相关问题的各种体验和基本理解;第三,态度,即要帮助社会群体和个人获得有关环境的一系列价值观念和情感,并形成积极参与环境改善和保护的动机;第四,技能,即要积极发展社会群体和个人解决环境问题的技能;第五,参与,即要促使和鼓励个人以积极主动的精神,参与解决环境问题的机会。①

---

① 朱坦:《环境伦理学理论与实践》,中国环境科学出版社 2001 年版,第 343~344 页。

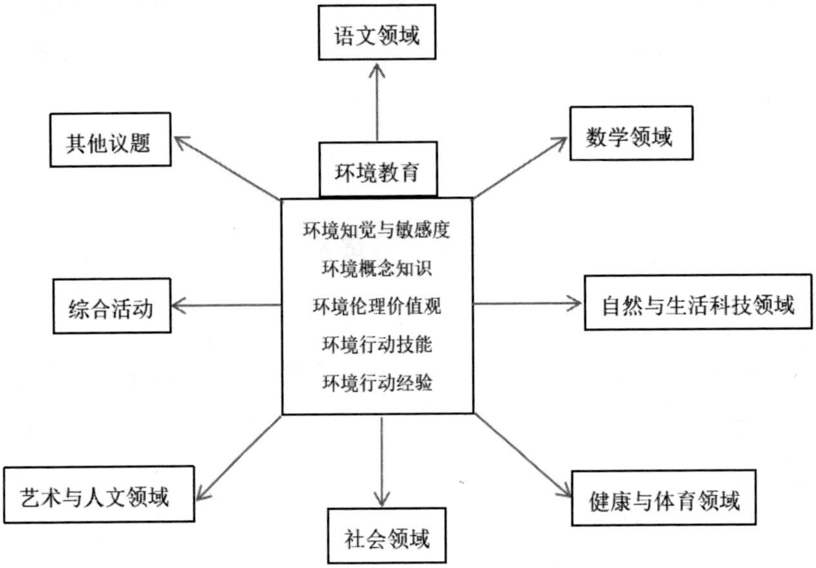

图 3-2

目前，我国环境教育的目标主要包括以下内容：第一，通过教育过程，使全民获得保护改善环境所需的知识、态度、技能及价值观；第二，致力于开发自然生态保护及环境资源经营的人文理念和科学方法，以促进人类社会的持续发展；第三，确立经济发展与环境保护互益互存的理念，在生活实践上，倡导珍惜资源，使全民崇尚自然，落实节约能源、惜福爱物及垃圾减废、资源回收再利用的生活方式。

由上述环境教育的目标可知，环境教育的目的是使世界上的每一个人，不但具备生态环境问题的知识、观念，更要树立保护环境的态度、意愿，具备参与环境保护的能力。

（二）多科融入式环境课程

目前，中小学教育多采用多科融入式环境课程的方式来实施环境教育。"融入"一词蕴含着"统整"的涵义，融入式取向在于"转化"知识，而非添加知识。所谓融入式环境教育课程，即是将环境教育的理念、目标、内涵、教学与评量融入课程纲要之中。它不只是在学科中加入一些环境教育的知识，还是通过能力指标的制定，统整环境知觉与敏感度、环境概念知识、环境价值观与态度、环境行动技能、环境行动经验的一贯性教学模式（麦清维，2003）。

在教学中应用融入式环境教育课程，不但不会增加学生原本概念学习的负担，而且还可以融情意目标于知性课程中，培养学生学会认知概念，形成兼具宽容、欣赏、尊重和关怀的情意态度。以1985年美国威斯康星州教育厅颁布的环境教育课程规划为例，该规划在课程指引中建议融入式环境教育采取以下八个步骤进行实施：第一，根据现今社会的需要、学生的能力与经验、学生生活环境的情况、学生所学科目等内容，来选择适当的环境主题；第二，选定教学科目及单元，分析环境课题与相关科目的内容，确定可融入式环境主题或成分的教学科目、教学单元及环境成分（包括环境概念、态度及技能）；第三，发展环境教学目标，依据前项步骤的分析结果，发展一个或多个环境的教学目标，其中，教学目标应包含认知、情意、技能，如有需要可增添新的教学目标或修订原有的教学目标；第四，编制的环境教材内容应融入原有教材，依据教学目标编制适当的教学活动或教材内容，并融入原有单元中；第五，发展新的教学过程，由于增加了新的教学目标及活动，所以教学过程应配合修订。第六，增加新的过程技术，为完成新的教学目标，增加新的过程技术，现有教材除囊括调查、访问、分辨事实证据等过程外，还要增加主要词汇或词组的定义、数据搜集分析及处理、价值观位置的判定、冲突原因的假设、问题发生的预测等内容；第七，增加新的教学资源，以利于开展新的教学活动；第八，搜集有关活动的建议，为新的活动主题的开展做好准备。

总之，融入式环境教育需配合现今社会生活、学生所处环境背景的需要来开展实施活动。学校若想真正落实环境教育，就必须发展以"学校为中心"的环境课程，编制适当的环境教育题材，设置兼具认知、情意和技能三方面的学习目标。

（三）环境教育的教学策略

为了在各科教学活动中有效落实环境教育，教师需要将各个环境教育的要素融入教学设计中，引导学生渐进式认识自己成长的环境，从引导学生认识环境、了解环境、接触环境到热爱环境、改造环境。

在重视环境教育的今天，教师应该从日常生活中对学生展开教育，将有关的环境议题融入各领域的教学中。因此，教师可以从以下几个方面来优化教学活动，培养学生对所接触环境的热爱之情。第一，利用案例教学或档案教学，引导学生了解不重视环境的后果；第二，环境教育的最佳实施路径是开展机会教育，利用学生的生活经验来验证教学结论；第三，环境教育的教学可以通过"融入式课程实施"，随时提供给学生有关的环境教育知识；第四，教师可以运用"行为后果法"来引导学生积极学习，掌握环境学习的相关知识；第五，教师可以运用"从认识环境、了解环境、接触环境到热爱环境、改造环境"等循序渐进式的教学模式。

五、挖掘民间游戏资源

乡村儿童体育游戏是传统民俗文化的重要内容，是在民间广泛流传的一种以娱乐性、乐趣性为主要目的，以身体活动为基本形式的非正式体育活动。民间体育游戏是儿童成长历程中最质朴的运动体验，是促进儿童精神成长不可缺少的生命"维生素"。

可以说，参与游戏的过程就是儿童社会化的过程，是儿童成人的过程。20世纪70、80年代，中国乡村儿童体育游戏活动非常发达，体育游戏的类型非常丰富，帮助儿童度过了美好的闲暇时光，留下了美好的童年记忆。20 世纪 90 年代后，随着现代科技的冲击、社会结构的变迁以及学校教育的影响，儿童体育游戏活动逐渐衰落，直致个别游戏项目完全消失。在当今时代背景下，儿童体育游戏的价值和意义被越来越多的有识之士认识。本部分以山东省为例，主要采用文献法、调查法、访谈法和口述史等方法，对曾经流行一时的民间儿童体育游戏进行整理和研究，以对当今乡村儿童体育活动的开展提供有益的借鉴和思考。首先，通过文献搜索，查阅了大量有关山东省乡村风土人情、儿童民间游戏的历史，以及了解近些年学者对此问题的相关研究，为本研究的开展做好充分的理论准备。其次，对山东省 17 地市 34 个自然村进行走访调查，访谈 60 人，通过他们的回忆和口述，全面掌握了 20 世纪 70、80 年代山东省乡村儿童体育游戏开展的基本情况，了解了大量鲜活、具体生动的资料和案例。

（一）儿童游戏的主要内容

1. 身体对抗类

身体对抗类游戏主要指由两人或两人以上参与的，以身体的推拉碰撞等为主要活动形式，以输赢为目的的一类体育游戏。20 世纪 70、80 年代流行的身体对抗类儿童游戏主要有：撞拐、握手平衡、推手平衡、单脚推人、骑马打仗、掰手腕等。其中，重点介绍下面几种最普遍的儿童游戏。

撞拐。"撞拐"游戏，学名"脚斗"，有些地区称为"打拐""斗拐"，有些地区称为"扛腿""斗鸡"。这种游戏多在冬天玩耍，可以帮助取暖。其主要规则为：每个人只有一只脚着地，蹦着走，另一只脚向前架起来，用手抓着或抱着，膝盖向前，然后以膝盖为武器与他人对撞，不能维持平衡而双脚着地或身体倒地者为输。参与游戏的多为男孩儿。可两人对战，也可多人分成两队互相搏击。

握手平衡。"握手平衡"游戏非常简单、不需要专门的场地和器具。游戏的规则主要为：在空地上画一条横线，两个人分立两侧，反位站位，前脚相抵，四只脚在一条线上，双方各伸出一只手握在一起。游戏开始后，双方分别向对方施加推力或拉力，使对方失去平衡、移动脚步而获胜。

推手平衡。推手平衡和握手平衡一样，都是双人游戏。此游戏非常简单，不需要专门场地，是男孩喜欢玩的游戏。推手平衡的游戏方法为：游戏双方面对面站立，中间隔一定距离，用双手推对方，首先失去平衡后退或移动脚步者为输。此类有一定的技巧性，用力过小，容易被对手推到，用力过大，容易扑空而失去平衡。因此，此游戏对用力的大小、发力时机的把握有较高的要求，经常参加可增强上肢力量，提高身体的灵活性和平衡力。

单脚推人。这是一项很有趣味的双人或群体游戏，具有很强的对抗性，运动量较大。游戏方法为：在地上画一个圆圈，参加者只能单脚着地，在圆圈内蹦跳移动；在活动中尽可能地用力将对方推出圆圈之外或者使对方失去平衡而双脚着地。70、80年代儿童几乎都玩过这种游戏，确实是一项有趣的竞技游戏。

骑马打仗。骑马打仗是一种中国传统的民间儿童游戏，参加者多为男生。游戏方法为：游戏参加者至少为4人，两人一组配对，一人当马，另一人骑在其背上。配对完毕后，两组人开始对打。骑马者可以用手拖拉对方，尽可能将对方拉下马。被拖下马一方为输。此游戏具有较大的危险性，摔下马者很容易倒地受伤。因此，此游戏主要在沙地上进行，可以减少游戏的危险性。

2. 运动对抗类

运动对抗类游戏主要是指在运动中进行的体育游戏。比较流行的有老鹰抓小鸡、抓贼、丢沙包、打雪仗、打水仗等。

老鹰抓小鸡。这是一种群体游戏，主要在户外进行。游戏开始前，首先进行人员分工，一人扮演老鹰，一人扮演母鸡，其余的儿童扮演小鸡，小鸡们一个接一个地一字连接在母鸡后面，排成一排，躲在母鸡身后。游戏开始后，老鹰向"鸡群"发出进攻，通过跑动等办法去抓母鸡身后的小鸡，而母鸡需要进行拦截，以挡住老鹰的攻击，不让其抓住后面的小鸡。这种游戏通常在学校里开展得较多，具有一定的代表性。

官兵抓土匪。此类游戏有很多称谓，有"抓人""捉贼""官兵抓贼"，是男孩非常喜欢玩的游戏，有不同的开展方法。该游戏需要较大的开阔地带做场地，先在地上画一个圈，里面放上一个瓶子，然后把参加者分成两队，分别扮演官兵和土匪。土匪要努力将瓶子弄倒，官兵不仅防守，而且还要尽量抓土匪。如果土匪踢倒了瓶子且没有被抓住，则算赢；反之，如果被全部抓住而没有踢倒瓶子，则官兵为赢。70、80年代，房前屋后，经常会有一群男孩玩这种游戏，开展方法多样，规则比较灵活，往往不同的地域玩法都各不相同，这也是儿童最常玩的体育游戏之一。

丢沙包。丢沙包是我国一项比较普遍的民间传统儿童集体游戏，参加者至少3人，70、80年代极为风靡，如今丢沙包这种游戏已经逐渐淡出了孩子们的视线。沙包是指用碎布及针线缝成、用细沙或玉米、小麦、谷子等塞满的包囊。不同的地方有不同的丢沙包游戏方式，最通常的玩法是在划定的场地内前后各派一名投手，其余参加者在场内，投手用沙包投击对方，被击中者罚下场。丢沙包是一项很好的集体游戏，活动量较大，既需要团队合作，也能训练儿童的敏捷性。

摸瞎子。该游戏对幼儿具有极大的吸引力，各地儿童都普遍欢迎。主要活动方法为：蒙住一人的双眼，将其转得不辨方向，然后大家向这个"瞎子"呼喊取乐，蒙眼者追捕，其他人尽力躲闪，被捉到者将成为下一轮的瞎子。这种游戏娱乐性非常强，在70、80年代的山东省各地广泛流行。

此外，儿童常玩的民间游戏还有打雪仗、打水仗、捉迷藏、拔河、打游击等等。

3. 物品对抗类

物品对抗类游戏主要是以物品为中介，以输赢为目的的对抗游戏。20世纪70、80年代很多儿童的玩具和工具都是就地取材或儿童自身动手制作，具有很大的灵活性。物品对抗类游戏有很多，打梭、砸杏核、打瓦、打弹珠、斗草、打纸牌、踢毽子等都非常普遍。

打梭。70、80年代，"打梭"游戏在临沂地区相当盛行，在其他地方也称为"打木尖"或"砍尖"等。具体的游戏方法与规则为：找一根长约10厘米、直径3-4厘米左右的木棍，像铅笔一样将两头削尖，即为成型的梭。"打梭"游戏开始之前，提前在地上画一个方框或圆圈，将"梭"放进里面，然后用木棍去敲打梭的某一头，使梭从地上弹起，接着迅速对准弹在空中的梭猛击，迅速将梭打向远处，打击最远的为胜者。打梭既好玩，增添乐趣，又可锻炼身体，但是打梭游戏具有一定的危险性，很容易对他人造成人身伤害。

砸杏核。70、80年代到了初夏杏熟的时候，儿童便流行玩耍各种杏核类的游戏。其中"砸杏核"是很多孩子都非常迷恋的一种游戏。山东很多方言对杏核的"核"字发音念"hu"，游戏规则各地不太相同。比较常见的玩法为：在地上挖一个小坑，有茶杯口大小，参与者每人都往里面放上一颗杏核，接下来就可以进行开始比赛了。双方用"剪子、包袱、锤"（石头、剪子、布）决定顺序，用一个较大较硬的杏核使劲朝坑里几个杏核砸去，努力将坑里的杏核尽可能地打出坑外，蹦出来的杏核便归自己所有。按排好的顺序依次砸完，直到坑里的杏核砸没为止，再进行下一局的游戏。因为"砸杏核"游戏玩法简单，取材方便，且很有竞争性，在很多地方都非常普及。

弹玻璃球。弹玻璃球在山东又被称为"弹瓷珠子""弹球儿""打弹珠"，这也是70、80年代非常流行的儿童游戏。弹珠是玻璃制成的1厘米左右的彩色小球，球体里面镶嵌各种不同的图案，有的像树叶、花瓣，有的像弯月。对很多男孩来说，收藏一些各种颜色和形状的"瓷珠"，是非常值得炫耀的事情。有些情况下，玻璃球也可以用其他东西譬如橡子、泥丸来替代。此游戏玩法多样，最常见的玩法是地上画一个圆圈，游戏双方各出 1 枚，放进圈内，尽力将对方的玻璃珠弹出界外，被弹出界外者淘汰出局。

打瓦。在 70、80 年代很多男孩的记忆中，打瓦是一种非常有吸引力的游戏。游戏的场地大多在胡同里、院落里或者路边。游戏的工具很简单，主要是断瓦片、砖头或一些可以立起来的石块。在农村这些游戏工具很容易找到，游戏的人数可多可少，一般两、三个人就可以。游戏开始前，要先在地上画一条线，间隔适当的距离将瓦片摆好，后退几米再画一条线作为界限。参加比赛的双方站在界外，不能越过边界。参加者手拿石块，瞄准目标投去，争取将瓦片打倒。每个人都打完一次，再打第二轮，直到将所有的瓦片打倒为止。

拾石子。拾石子，在很多地区又称为"拾八毂""拾子儿""抓骨拐""拾节骨"等，一般女孩非常喜欢玩。该游戏可两人玩，也可多人玩。开始游戏时，首先要选择大小均等圆滑的石子，也可以用杏核、桃核来替代。参加游戏者在一片空地上盘腿而坐，围在四周。最简单的玩法就是双手捧石子高高扬起，同时一只手背向上，接住石子，接住的石子数不定，然后再将手背上的石子扬起，再随意拾起其中一枚石子，将其抛向空中，迅速将地上任意一枚或几枚石子拾起，再接住抛出的那枚，拾起的石子即为赢的石子，放在一边。玩的过程中有很多规则，从地上拾石子的时候手不能碰到临近的石子，如果不能同时拾起地上的石子和接住落下的石子，都算输了。该方输了后，对方再玩。直到地上所有石子被拾完为止。双方所赢石子最多者为最后赢家。拾石子是一项很好的体育游戏，既可以提高儿童手的灵活性，又能增强手眼协调一致的能力。

打纸牌。打纸牌在山东有些地方又叫"打宝""打片儿""拍三角"，南方多称之为"拍纸包""拍元宝"等，这是男孩常玩的游戏。虽然名称各异，但玩法基本相同。此游戏首先需要用废纸、烟盒等纸折成厚薄不同的正方形或三角形纸包，将其扔在地上做靶子，然后另一个人拿出自己的"纸包""纸牌"用力拍下去，靠拍打产生的气流或适当的角度将地上的纸牌打翻。此游戏需要儿童使劲甩动胳膊和手腕，长期练习能锻炼孩子的腕力和臂力。

斗草。斗草游戏取材方便，玩法简单，在学校、田间地头都可以随时玩。两人各取两根草或植物的茎，将各自的叶茎交叉在一起，然后反方向拉扯，看谁能将其先拉断。这算是孩子们的一种消遣方式，是初级的小游戏，但同样也能给孩子带来愉悦和消遣。

4. 自娱自乐类游戏

抽陀螺。抽陀螺也是一件非常有趣的游戏，有些地方有很多很有趣味的叫法，比如"打拽""打懒老婆"。70、80 年代是一个物质十分匮乏的年代，一个制作精良的陀螺在孩子们的眼里就是一件奢侈品。当时陀螺一般都是木制的。首先要找来一节质地比较结实的木棍，截成 5-8 厘米左右，将其中一端锯成一个平面，用刀把木块一段削成锥形，再在顶尖部位嵌上一粒钢珠，陀螺就做成了。游戏方法有多种，通常的玩法，一是比赛谁可以将陀螺抽得最远而不停止；再有就是看谁的陀螺旋转得时间最长，还有的比赛方法是让双方的陀螺进行碰撞，利用转动力量和质量，将对方的陀螺碰倒，率先倒地或出界者算输。

玩风车。70、80 年代的风车都是自己动手制作，市面上没有专门的风车出售。制作风车的纸通常是一些废旧课本或普通的白纸，将其裁成正方形，然后用剪刀沿着对角线剪开，把其中四个角按照对称的方向折到中央，用带叉的小细竹枝纸扎紧纸风车，再扎进高粱杆的顶端，这样风车就制作好了。做好风车之后，拿着跑动可以让风车快速转动，这样的风车往往比较脆弱，容易毁坏。

打洋火枪。洋火枪，也叫"链条枪"，是用自行车链条做成的枪，在 20

多年前是孩子们常见的玩具，该玩具科技含量较高，制作的工艺要求也比较高。洋火枪主要是由粗铁丝、自行车链条和皮筋组成，具有撞针、扳机、枪身、动力、子弹，与真实的手枪原理一致。铁丝拧成的枪架上，串着若干自行车链扣。链扣的另一侧孔供枪栓活动。最前端的链扣需要打入一枚自行车辐条顶端的螺帽，以恰好留出一个火柴棒大小的孔眼。整串链扣和枪栓分别用从自行车内胎剪下的橡皮筋箍好，使用时掰开最前端的链扣，将火柴棒塞入螺帽形成的孔眼并向外拉出，而火柴头上的火药则留在螺帽内。扣动扳机，皮筋弹力促使枪栓高速撞击火柴头的火药，火药爆炸并产生巨响和气流将火柴棒射出。有时候也可装进一些灰火药，每次扣动扳机，都能发出"啪啪"的枪声，洋火枪由于其高仿真性，作为儿童的重要"武器"，对儿童具有极大魅力。

打弹弓。对男孩子来说，弹弓的魅力是无与伦比的，就好比布娃娃之于女孩子一样。制作弹弓需要一定的材料和制作技术。首先找一个小树叉，砍到合适的长度，去掉外皮，再用砂纸打磨光滑，然后将自行车内胎剪成细长条捆在树杈子上，中间夹上一块补鞋用的包皮，弹弓就算做成了。打弹弓需要子弹，而所谓的子弹多数都是河边地上捡来的碎石子。打弹弓是一种射击类游戏，需要瞄准，射中目标能给孩子们带来很大的成就感。同时，打弹弓往往需要到处乱跑，对全身锻炼很有好处。但是该游戏有一定的危险性，可能产生破坏性后果，因此家长和老师经常禁止孩子们玩耍该类游戏。

流行的自娱自乐类儿童体育游戏项目还有很多，大多都是手工制作的，譬如男孩玩自制竹筒水枪、自制弓箭、制作泥巴车、吹泡泡等。

中国传统乡村儿童体育游戏产生于民间，流传于民间，合乎儿童的真实需要，蕴含着丰富的文化底蕴，没有功利色彩，生动而有趣，深受儿童的喜爱。对儿童群体发展和儿童成长特别是社会化的发展有着重要的价值，因而有必要加强对传统乡村体育游戏资源的保护、研究、挖掘和改造。

（二）利用民间儿童游戏的建议

1. 加强对民间游戏资源的保护、研究和整合

社会研究结构应该充分重视对于儿童成长的价值，对民间丰富的儿童体育游戏资源加以研究和整理，加大力度对正处于消亡状态的民间游戏进行保护、开发和整理。

2. 将更多有价值的乡村体育游戏资源纳入学校课程体系

学校和社会应该充分挖掘乡村体育游戏资源，中小学校应该因地适宜，对传统游戏资源进行引进和改造，以更好地适应当今学生的需要。农村中小学校要创造良好的环境和条件，让学生参加乡村体育游戏。特别是通过校本课程开发和体育课程资源开放，将有价值的乡村体育游戏纳入学校课程。

3. 增强儿童在体育游戏中的自主性和创造性

在体育游戏中，让学生更多地用自己的双手制造玩具，参与游戏，培养学生的动手能力和实践能力。应该让学生认识到，不是只有从商店买的玩具才是玩具，孩子眼中世界的一切都是玩具。对孩子们而言，自己动手制作玩具要比在商店购买的玩具更有吸引力，更有情感，更有价值。儿童通过自己制作玩具，可以"学得一点减低欲望、专心、努力，用思想、设计和节俭等品质。这种品质对于他们日后长大成人的时候是有用处的"[①]。

六、有效运用图书馆资源

图书馆是每一所学校的重要资源，素有学校教育的"大脑"之美称。目前国内中小学在图书资料配置方面已经较为完善。因此，教师在教学中应该将图书馆的资源设备教学活动设计中，扩充教学资源的种类与来源。

---

① 洛克. 教育漫话 [M]. 傅任敢译. 北京：教育科学出版社，2000：112.

（一）运用图书馆资源的必要性

传统观念认为学校图书馆是学生课余时间广泛阅读的地方。因此，学校图书馆与教师的教学活动关联性不大且不受到教师的重视。任何设备或制度如果不受考试与教学的青睐，就容易成为学校设施的附属品。近年来，由于学校教育备受重视，图书出版数量急剧增长等原因，国内每一所中小学图书馆，在设备与藏书方面都具有相当程度的数量和水准。然而，在充实图书馆设备的同时，教师应该将图书知识纳入教学资源，充分借助图书资料开展教学。

因此，教师应该在课程与教学实施中，将学校图书馆的资源纳入班级教学中。为了做到这一点，教师必须掌握图书馆资源运用的相关知识本领；认识图书馆的参考工具与网络资源；了解图书的分类编目和查询路径；提高学生的阅读教育素养；引导学生学会阅读各类型图书与文本；了解阅读的多元呈现方式；培养信息检索能力；分享阅读学习的实例经验。

（二）运用图书馆资源的教学设计

学校图书馆的资源设置应该配合学校课程与教学的需要，加强图书的藏书量，以协助教师实施班级课程教学。教师应该在班级教学中，设法将图书馆列为教学设计的主要核心，培养学生"喜欢阅读、热爱阅读"的习惯，进而强化学生"识字"与"阅读理解"的能力。

1. 每周安排图书馆学习课程

教师应该在班级课表中，每周至少排定一节以上的时间，让学生可以到学校图书馆参加阅读课程或自行阅读自己喜欢的书籍，以强化学生对学校图书馆的认识。

2. 培养学生查询信息的能力

在课程与教学设计中，将图书馆的资源纳入学生的学习内容中。例如：

在课程与教学中，要求学生必须到学校图书馆查询相关的资料并注明"图书出处"，以强化学生查询信息的能力。

3. 进行主题式分组探究课程

教师可以设计主题式学习，要求学生以"分组合作学习"的方式完成教师指定的作业。在主题式探究中，学生必须围绕所需要获取的主题知识，利用学校图书馆的图书资源查询相关的资料。例如：教师要求学生协同小组成员，利用学校图书馆资源，完成老师指定的作业。

4. 依据学生能力进行图书分类

教师应该依据不同年级的学生需要，将图书做分类以方便学生借用。如果时间允许，学校可以招募学生志愿者来完成图书分类工作。这既锻炼了学生的图书分类检索能力，又满足了每位学生的个性化读书需求。

5. 落实行动图书馆理念

行动图书馆的理念是将适合各年级学生阅读的图书，以"行动图书车"的方式送到各年级的走廊。这样的话，学生不必浪费时间去图书馆找寻适合自己的书籍，还可以充分利用课余时间进行图书的借阅或归还。

6. 建立"鼓励阅读"制度

为了培养学生良好的阅读习惯，加强阅读理解能力，学校应该发动所有教师建立"鼓励阅读"制度，激发学生热爱阅读的兴趣。例如：教师设定读五十本课外书的奖励机制，给表现好的学生颁布"阅读小能手"的证书等。当然，学校也应该针对学生的需要，选出一定量的课外阅读书本进行宣传，鼓励学生开展阅读。

（三）运用图书馆资源的教学策略

学生的阅读理解能力和识字量影响学生各学科领域的学习，缺乏以良好阅读习惯为基础的教学，无法提升学生的基本能力。因此，想要提升教师教学质量，就必须加强"学校教育心脏"——图书馆的基本功能和运转能力，鼓励学生爱上学校图书馆，善用书籍资源，让学生从阅读中养成受益一生的阅读习惯。

教师的教学活动应该充分运用图书馆资源，随时供给学生学习的补充资料。同时，教师应指导学生扩展视野，不被教科书所限制。因此，教师在运用图书馆资源时，可以参考以下策略：在教室内建立"班级图书馆"，满足学生的学习需要；建议学生分享家中的图书，与同伴一起阅读；针对学生的身心发展阶段，筛选适合学生阅读的图书并建立借阅制度；每周至少利用一节课时间，带领学生到学校图书馆参加借书与阅读课程；结合学科领域的教学需要，设计以主题为核心的学生研究课题；建立"学生阅读存折"，鼓励学生到图书馆进行阅读；定期更新替换班级的图书资源；让学生在学期末分享本学期的图书馆学习记录。

第四章　创意教学

　　传统的教学环境强调教师教学能力的展现，以及学生学习效果的提升。因此，传统的教学培养出来的学生，大多墨守成规、遵守规定、守成有余，创意不足。学校教育如果想要培养具备创新能力的学生，就必须从教师的教学着手，提供教师培养创新能力的教学方法，鼓励教师在教学活动进行中加入新的元素，将培养创新能力的方法融入教学中，引导学生不断地学习尝试。好的教学活动，不仅要重视教师教学"赢的策略"，同时还要重视学生学习"赢的策略"。

　　本章的主要意义在于说明创意教学的理论应用，提供教师培养创新能力的应用策略，引导教师运用富有创新意识的教学方法，从改善教学中培养学生的创新能力。在内容方面，包括创意教学的意涵、应用原则、程序流程以及实践策略等单元，从教学的科学与艺术出发，探讨教师的教学思考与决策，希望在传统的教学中加入创新能力的元素，让教师的教学激发出新的思维，以达到"教"与"学"双赢的理想。

一、创意教学意涵

创意教学是一种有别于传统教学法的教学策略，此种教学法鼓励教师在教学实施过程中因时、因地、因人、因事、因物改变自己的教学方法和教学策略，以达到教学目标。

传统教学法中，作为主体的教师决定教学的一切，教学技术重于教学艺术，新教学法无法融入教学，教学评量采用统一的标准，教学场地仍限于教室，纸笔测验居于主导地位，群性教学胜于个别化教学。而创意教学有别于传统教学法，要求教师的教学活动应该针对学生、学校、家庭、小区等各方面的需要来调整教学。在教学理念与教学应用层面，创意教学提供给学生在学习方面的多重选择，以更具多元化、乐趣化、资质化和统整化的方法，引导学生进行学习活动。创意教学发展并运用新奇的、原则的或发明的教学方法来实现教学，[1] 意在鼓励教师因时制宜、变化教学。[2] 所谓创意教学，陈龙安认为，这是一种培养学生创造思考能力的教学，也就是教师通过各种课程的内容，在一种支持性的环境下，运用启发创造思考的原则和策略，来激发和增进学生创造思考能力的一种教学模式。[3] 创意教学以培养学生创造力为宗旨，因此在教学过程中，通过遵循创造活动的客观规律，引导学生们以创造性态度，运用创造性思维方法，发挥各自潜力，探索未知领域，促进自身创造力的发展。[4]

---

① 吴志衍、杨裕富：《创意教学相关研究之初探》，《设计研究》2005年7月，第73~82页。

② 贾馥茗：《创造性教学对财赋优异者创造力发展的影响》，转引自吴志衍、杨裕富：《创意教学相关研究之初探》，《设计研究》2005年7月，第74页。

③ 陈龙安：《创意教学工作坊讲稿》，转引自吴志衍、杨裕富：《创意教学相关研究之初探》，《设计研究》2005年7月，第74页。

④ Fryer M, *Creative Teaching and Learning*, London: Chapman, 1996, pp. 13-16.

一般来说，创造力的表现范围很广泛，包括情感、思维、态度、对话与行动。可以说，生活中的创意，与改变人类文明的创意都同样重要。创意教学不受特定教学法局限，凡是融合创造思考原则所设计的教学活动历程均属之。换言之，创意教学是以学生为主体，使学生置身于创造性的情境中，在教师的引导之下，去发挥他们的思考力、想象力与潜能并提升学生的创造力。[①] 创意教学的意义是指教师在教学实施过程中，依据创造和思考发展的原理和原则，采取各种教学方法或策略，来培养学生的创造能力、思考能力。创意教学法的采用，不限定于某一种教学方法。教师可以针对学科性质、学习者需要，融合各种创造思考的原理原则来设计相关的教学活动历程。不仅如此，创意教学还应该包含两种层面的意义：第一，代表教师教学活动本身的改变。创意教学是教师在教学活动中，做策略、方法、内容、方式的调整。第二，代表学生学习内容的改变。从学生学习策略、内容、方式出发调整教学活动。

二、创意教学的应用原则

一般而言，创意教学的应用可以从课程的内涵与教学的形式等方面做出相应的改变，来达到预期的目的效果。教师在实施创意教学时，应该允许学生持有不同的反应与回答，容许学生提出独特的意见和想法；接纳学生的错误及失败，引导学生从错误中学习、成长；适应学生的个别差异，尊重学生的兴趣和想法；提供学生思考的时间，引导学生做充分的思考并提出问题；营造相互尊重、接纳的气氛，避免各种独断的价值判断与批判；培养学生的创造意识及情感态度；开展课外学习活动，鼓励学生探究感兴

[①] 吴志衍、杨裕富：《创意教学相关研究之初探》，《设计研究》2005 年 7 月，第 73~82 页。

趣的事物；重视倾听与接纳学生的意见并与学生一起讨论；重视学生的选择，让学生掌握学习的决定权；鼓励学生参与各种活动，并针对活动提出自己的观点和想法。

那么，具体来说，创意教学在实际应用中应该参考以下几个原则：

（一）革新教师教学观念

实施创意教学的关键是教师改变并调整传统观念，摒除各种有碍创造思考教学的因素，以开放的心胸接纳新颖的教学理念，尝试各种创意的教学策略，激发学生在学习上的好奇心与兴趣点。

（二）优化课程与教学内容

教师在教学过程中，若想提升专业能力，就必须充分熟悉课程与教学内容，同时通过各种方式将形式课程转化为学生可以理解的实质课程。因此，创意教学以不改变原理原则与知识结构为前提，优化课程与教学内容，采用多元的策略，提高学生的学习参与。

（三）改变教学方法

创意教学的实施重点在于教师交相运用各种教学法，以期有效达到教学目标。因此，在教学法的运用方面，教师必须针对教学过程中的师生需求来衡量课程与教学本身的特性，调整教学方法，提高学习效果。

（四）融合教学科目

创意教学强调学科与学科之间的相互调整与融合，如在语文教学中融入数学的概念，在自然与生活科技中融入人文精神等。因此，教师在实施创意教学时必须以统整课程的理念，将各学科之间的知识结构、内容概念、原理原则做有效的整合，以学科融合的方式，提供给学生各种创意性学习策略。

（五）开放教学场所

传统的教学将学习局限于固定位置，教室成为学习唯一且重要的场所。创意教学在场所的规划方面，强调学习不限国界、不限场地、不限方式、不限途径的理念。因此，在应用创意教学时，应该以开放的思维进行教学空间的设计和改造，营造适切、多元、丰富的教学环境。比如说：规划大团体班级教学、小组教学和个别学习的场所，营造富于变化的教学空间，充分利用校外设施与空间。[①]

三、创意教学的程序

创意教学的操作程序，其实和一般传统教学的实施步骤大同小异。但是，创意教学立足于创新性的教学策略，可以促进学生深入理解概念知识，激发学生的学习动机。因此，为了在实际教学活动中落实创意教学活动，我们有必要掌握创意教学的实施程序。

（一）选择适当的问题

教师应该针对学生的学习内容以及个性特征，拟订或选择适当的问题，从而激发学生思考创造，并寻求解决的方案。学习问题拟定后，教师应该事先让学生了解这些问题，以便尽早搜集资料，做各种学习上的准备。

（二）组成"头脑风暴"小组

在选择和公布思考问题后，教师将学生按照学习性质分成不同的小组。在人数方面，每小组人数至少5至6人，以10至12人最为理想。小组成

---

① 吉标：《走向协同教学：课程与教学改革的时代呼唤》，《课程·教材·教法》2020年4月，第38~45页。

员以男女混合为原则，方便后期根据不同的性别提出各种想法。小组组成之后，由教师或学生互选一名比较有经验者担任小组负责人。

（三）说明遵守规则

在"头脑风暴"教学实施之前，教师向学生说明应该遵守的规则，例如：不批评他人的构想，成员提出的构想愈多愈好，小组成员尽可能提出不同的构想等。

（四）进行"头脑风暴"

"头脑风暴"活动进行时，教师必须将所要解决的问题重新叙述一遍，或是将问题写在黑板上，方便小组成员随时注意问题，使学习不至于偏离主题。每个学习者在提出新构想时，教师要将构想记录下来并适时编号，将所有构想统整起来，作为讨论的参考。

（五）评估各类构想

学生在"头脑风暴"过程中提出各类新的构想后，教师必须开展评估活动，以找出好的构想。教师将整理归纳的新构想列一清单，让每一位成员了解并选出最有价值的构想。教师在评估活动结束后，依票数结果选出较佳构想供大家参考。

另外，在实施创意教学中教师还应该注意以下两方面的内容。第一，在学习指导方面，教师应该多提些开放性问题，避免单一答案或固定答案的问题；在学生回答问题时，教师应该接纳学生不同的意见，减少做价值性的判断；避免指责学生的错误经验，以免使学生丧失自信心；运用集体思维来指导学生进行"头脑风暴"，便于引发连锁反应，得出创意性的结论。第二，在发问技巧方面，教师应该多提或设计促进学生"比较""分析""想象""综合"能力的问题，并创设相应的学习情境，激发学生的学习兴趣。

四、创意教学的实践策略

在中小学教育中，教师一般很少选择使用创意教学，主要的原因在于中小学的教学负担重，教师准备创意教学需要比较多的时间。一般而言，教师采用创意教学时，必须将学生所要学习的科目、课程内容、原理原则、学习素材预先做整理，以问题的形式将其呈现出来，同时，还要设计各种问题解决的教学情境，激发学生的学习参与。

（一）充分利用教师自身经验

教育工作者都清楚个人经验会对教学产生影响。但是，相关研究并无直接证据说明经验对教学的影响有多大。因此，本文主要在于说明教师经验与教学之间的关系，通过相关研究，让教师了解经验对自己的教学所产生的影响程度。

1. 教师自身经验的教学意义

在杜威看来，经验不再是通过感官被动获得的一些散乱的感觉印象，而是机体与环境相互作用的过程。机体不仅受环境的塑造，同时也对环境加以若干改变，经验在它自身里面含有结合组织的原理，而无须一个外在的所谓理性来提供这种原理。经验不再被视为感觉作用和感性认识，而是一种行为、行动，它当然含有知的因素，但在此之外，喜怒哀乐、酸甜苦辣等因素也是经验的构成部分。[①] 因此，基于杜威的理念，教师的自身经验即教师个人在与环境的相互作用中产生的对教育的基本认识看法以及优化教学方法的相关依据。

教师自身经验对儿童的学习与发展具有重要的影响。流淌在教师课堂

① 吴式颖、李明德：《外国教育史教程（第三版）》，人民教育出版社 2015 年版，第 336~337 页。

上的知识储备、教学设计、教育思想，甚至语言、体态、修为....都会不由自主地成为学生的模仿对象。一般来说，教师也需要一边成长，一边获得经验。这也是教师在自己原有经验基础上建构新经验的过程。对于教师的学习与发展来说，教师的经验往往是一把"双刃剑"。一方面，当教师原有的经验符合当下理念，或与新理念趋同时，就会促进教师建构新经验，这样对于自己的成长以及学生的发展，都会起到积极的推动作用。另一方面，当教师的原有经验不太符合儿童的发展，尤其是有些经验过去曾被认，但现在又与新理念不相符时，这固有的经验将会成为教师发展的桎梏，起消极的阻碍作用。因此，教师必须要了解自己的原有经验，同时树立不断学习、及时自省的意识，有效判断已有经验中哪些成分可靠，哪些成分需要改造，进而为寻找出适宜教学的经验提供依据。

　　教师的原有经验通常会有两种表现：一种是教师的言语，这种方式表现出来的，往往是教师自己能意识到的经验。另一种是教师的行为，这种方式表现出来的除了自己所意识到的经验之外，还有一些潜意识层面的经验，而后者反映出来的，往往是教师的固有观念。那作为独立的个体，教师应当如何判定自己经验的正误？如果一个教师，能对经验的积极成分或消极成分做出独立判断，或者通过现场观摩、录像分析，找学生反馈等方式来了解，并透过自己的表面行为，结合自己的言语，分析其背后所反映出来的观念，从而找到症结所在，再去思考如何转变固有观念——那是再好不过。但当事者迷，所以教师应树立开放的意识，敢于暴露自己，甚至暴露问题，通过座谈、研讨、主题沙龙，以及各种交流方式——借助他人的眼睛帮助自己认识原有经验，这无疑也是一条捷径。[1] 有经验和没有经验的教师相比，有经验的教师更注意教学经验教训，更关心学生成长进步，并基于学生的表现下决定，而不是在课堂中指定学生兴趣或和他们交换请求。

---

　　① 窦桂梅：《回到教育的原点：窦桂梅教育教学管理精华》，文化艺术出版社 2015 年版，第 51~52 页。

2. 教师经验运用的策略

教师教学经验的类型，不在于多寡、好坏、高低，重要的是对教学活动的进行是否有正面积极的作用。如果教师的经验丰富，但是对教学活动的进行产生负面的作用，则此种教学经验对教学而言是多余的；如果教师教学经验有助于教学活动的进行以及学习成效的提升，则教学经验会发挥正面的作用。不管是教学多年的专家教师，还是刚刚步入工作的新手教师，都应该针对班级授课情况积累对教学有帮助的经验。

一般教师常常会过于依赖经验和能力，这往往导致死板的教学方式和匮乏的教育理念。因此，当教师遇到教学难题时，应该从经验与能力出发，为专业检讨提供依据。当教师将自身经验运用于实际教学活动中，应该做到以下几点：利用实践进行教学经验的扩充学习以及观摩"专家教师"的教学管理；参考其他教师的教学活动，作为改进自己教学的参考；依据学生表现展开教学思考、确定教学目标；参考教师互动教学以及教学决定方面的研究结果来修正教学；随时学习经验教师的做法，让自己在教学中成为经验型专家教师。

（二）选择有效的教学策略

教学活动的进行，必须有教学理论、教学方法与教学策略作为辅助。如果教师所选择的教学策略对教学活动是正向作用的，教学效能就会提升；反之，教学效能就会降低。

1. 有效教学策略的意义

教学是一种"折衷艺术"，也是一种"合作艺术"。无论是教学创新或是教师专业成长，如果没有以教师在课室中的优质教学为依归，教学创新就可能只重视方法策略的改变或教材教具的变化，对学生从事有意义的学习没有多大的效益；而教师专业成长活动尽管多元，却极少能针对教学重要工作（即学科教学）加以讨论、研究、改变与提升，致使课程的教学转化和教学改善容易沦为口号。因此，有效教学策略应能包含教师认知水平提升、教师角色重新定位、教师角度思考问题等方面，从而引导教师觉察个人教育信念与教师角色，进行新课程研发，增权赋能给教师，协助教师成为转化型知识分子，建立教师专业对话机制，将工作热情带入教学现场，促进协同合作。

2.有效教学指标与策略

有效教学一直是所有人所追求的理想，但"何谓有效教学"却往往只可意会不能言传，因而无法理出一种周全清楚的概念框架来引导我们评定教学质量和辨识教学成效。有效教学是良好教学与成功教学的统合，可以从教学的逻辑行为、心理行为和道德行为加以检视。它不但要求对学习者的特质与需求敏感，还需使学习者学有所成。

麦克哈尼（McHaney，1992）和英庇（Impey，1992）指出，有效教学必须能提高学生的学习成果。他们使用临床视导的模式来分析探讨教学，归纳出有效教学应该包括：课程设计和发展、教学观念化策略、教学统整化策略、问题解决策略、课程教材呈现方式、课外作业指定策略和教学活动经验评价等。具体的有效教学指标与有效教学策略，请参见表4-1。

表 4-1 有效教学指标与有效教学策略

有效教学指标	有效教学策略
关键行为一：清晰授课	
预先让学生知道教学目标	确定与课程配合的行为目标，并在授课开始便告知学生
提供学生组织学习内容的技巧	分析学习单元所必须的先备知识
教学前评估学生	评估学生是否具备学习的知识基础
清楚地指导学生理解内容	循序渐进指导学生学习教材
教学内容适合学生的认知水平	使用标准化测验来确定学生的最近发展区
使用实例、图表及示范帮助学生学习	归纳学习内容并强调重点
在每单元结束时，进行统整总结	使用关键词句，来帮助学生有效学习

关键行为二：多样化教学	
使用吸引学生注意力的技巧	用活动的方式来引导、吸引学生注意力
表现热忱与活力	有规律的改变说话的速度及音量
变化课程内容呈现的方式	建立每节教学活动的顺序
善用奖励及增强的方式	建立称赞术语清单，随时选用
将学生意见或参与融入教学	有时候采纳学生的意见来开展教学
变化问题的种类	编制与课程配合的行为目标问题
关键行为三：任务取向教学	
发展单元计划，反应课程特征	对照单元计划与课程内容，并与同侪讨论
有效处理班级行政事务	非教学事务，每节不超过 5-10 分钟
维护班级秩序，确保教学时间	课堂上仅指出违规行为，惩处则留待课后处理
针对教学目标选用合适的教学模式	将课程内容划分为事实部分及概念部分，分别使用直接及间接教学法
评量单元学习成效	制订进度表并明确活动开始和结束
关键行为四：学生投入学习过程	
教学刺激后，立即引导所期望的行为	每单元教学之后安排练习问题
提供学生提出意见的机会	指导活动中，让学生提出他们的看法
必要时使用个别或小组活动	准备个别化教材作为补救性练习
使用口头赞美，引导学生投入学习	提供口头赞美以营造温暖的学习气氛
督导课堂作业，经常检视进步情形	学生写作业时，巡视并提供相关协助。
关键行为五：确保学生成功率	
安排的学习内容，能够反应学生过去的学习经验	制定由上而下、符合逻辑顺序的单元计划
在学生最初回答之后，立即纠正错误	学生独立练习前，教师提供指导性练习
配合学生程度，设计容易吸收的小单位教材	安排跨科的主题单元，强调容易学习的内容之关联
使每一个新课程内容都是先前课程的延伸	每个学习单元之间衔接良好
变化教学步调节奏，营造教学高潮	使用复习问答，形成时而增强、时而减弱、间隔式的紧张与期待

3. 有效教学策略的应用

在教学活动中，不管教师采用哪一种教学理论、教学方法与教学策略，都应该让教学达到高效能的目标，让学生获取最多的知识量。因此，教师想要达到高效能的教学，就应该参考有关高效能教学方面的研究成果，通过有效教学指标与有效教学内涵修正自己的教学策略，让教学活动更为顺畅，教学成果更为高效。

教师在教学策略的运用方面，应该以教学效能为主要的思考点，通过教学策略的设计与运用，进行教学上的改变。教师应该明确了解有哪些教学策略可以运用；依据不同学科领域的需要，设计各种合适的教学策略；随时检视教学活动所配合的策略是否恰当；当教学出现问题时，考虑修正教学策略；运用不同的教学策略来达成有效教学指标；准备多套的教学策略，以备修正教学活动之用；从教学的逻辑、心理和道德行为去检视优质教学；不要吝于改变自己的教学模式，修正原有的教学策略。

（三）运用多元智能理论

传统观念认为，个体的智能发展，影响学生学习的成效。"多元智能理论"由加德纳（Gardner，1983）提出，强调个体认知的跨文化观点，扬弃传统以标准化测验的得分定义人类智能的论点。从总体来看，多元智能可以分为语言智能、逻辑——数学智能、空间智能、肢体——动觉智能、音乐智能、人际智能、内省智能以及自然观察智能这八种能力。

1. 多元智能理论的基本假定

加德纳的多元智能理论打破了传统对智能理论的两种基本假定：第一，人类的认知是一元化的；第二，只要用单一可量化的智能就可以正确地描述每个个体。此种多元智能论奠基于以下三种假设之上：第一，在实际生活中解决问题的能力；第二，个体提出新问题来解决的能力；第三，对自己所属文化从事有价值的创造及服务的能力。加德纳认为人类智能是用来学习、解决问题及创造的工具，它是每个个体必备的基本能力和工具。多元智能理论对于人类认知历程的描述采用更多元的途径，承认个体在认知方面的文化差异，指出个体都是独特的，具有各种发展的潜能和可能性。此种发展和学习上的无限性，提供给教育学者更多的思考方向。教师在教育历程中应该以更宽广的方式，指导学生依据个体的独特性进行适性的学习。

2. 多元智能理论的教学应用策略

多元智能理论的提出，改变了人类认知思考历程的传统观念，强调学习者本身的认知历程是多元的，并非单一的概念。在多元智能理论中，学生有机会依据个人的认知历程，探索个人所具有的学习特质与能力，有效学习各种基本智能概念。多元智能的教学设计，应该重视"以学生为中心"的教学模式，考虑确保学生学习成效的达成，广纳各种多元的辅助策略和媒体，引导学习者进行有效的学习。因此，多元智能的教学设计必须包括下列几项重要程序：制定目标；将目标转化成各项智力活动；组织运用教学法及教材；安排教学时间及课程顺序；根据前期工作撰写教学计划；视实际需要调整教学设计。

多元智能理论的提出，引导教师了解每一位学生所具备的不同特质与表现，针对学生的特质改变教学方法与教育模式。因此，教师的教学活动，应该以多元智能理论为基础，改变教学思考模式，修正课堂教学方法，借助崭新的教学理念，促使学生发展多元智能，提升学习层次。具体来说，教师应多方位欣赏学生的优点，并运用优点改善学生的学习；根据每位学生的个性差异运用教学策略；将不同学生的特质纳入教学设计，进行适性教学；将班级学生的个别性与独特性做成学习历程档案记录，作为教学设计上的参考；提供学生各种解决问题的机会，引导学生展现潜能；允许学生在不同领域中做不同类型的表现；发展学生的多元智能，并鼓励学生的奇思妙想。

（四）运用有效的情感互动

师生情感互动是当代课堂教学中有效的动力因素，也是素质教育和新课程改革的重点内容。教育学和心理学实验均表明，教师在课堂上使用有效的情感调控策略，其教学效果是极其显著的。课堂中有效的情感调控策略，是指教师为激发和保持学生的积极情感以取得良好的课堂教学效果而实施的各种具体有效的教学调控方法。然而，课堂教学中有效的情感调控策略有哪些呢？笔者认为，主要包括趣味导入策略、移情体会策略和想象升华策略。

1. 趣味导入策略

趣味导入策略，是指教师在一堂课的开始为活跃课堂气氛和激发学生的兴趣而使用的导入新课的情感调控方法。设置有趣味的话题来调整学生的情感状态是这一策略的核心和前提条件。趣味导入策略有活跃气氛和激发兴趣两方面的功能，因此可将其具体分为"幽默表白，活跃气氛"与"悬念设置，激发兴趣"等具体的操作方法。

第一，幽默表白，活跃气氛。有一次，上海的钱梦龙老师做示范讲课，由于听课的人特别多，学生有些紧张局促，很不利于课堂气氛的调动。为了活跃气氛，钱老师一上课便用幽默的方式做自我介绍，说："有个姓钱的，做梦都想成龙，你们说他是谁？"学生会心地笑了，马上缓解了紧张的心情。钱老师的这一自我介绍，创设了一种有利于师生交流的活跃氛围。

第二，悬念设置，激发兴趣。在课堂中，教师提出本节课要探讨的、要解决的、有一定难度和趣味性的问题，让学生带着疑问进行学习，引导学生积极思考、尝试回答，激起他们主动探索的兴趣和急于搞明白的心理，体验到思考与求知的乐趣。如教授"能被 3 整除的数的特征"时，有位教师根据小学生争强好胜的心理特点，有意设置悬念，开展由学生考老师的趣味活动，学生随便说出一个整数，老师马上判断其能否被 3 整除。学生的好胜心理使其总是想方设法来难倒老师，编出一个个由一大串数字组成的多位数，没想到老师都一一做出了正确的回答。这时学生会感到惊奇，很想知道其中的奥秘。老师如果抓住这个机会，也就抓住了学生的注意力，这时教授新知，其效果便可想而知。

2. 移情体会策略

移情体会策略，就是指教师积极地利用移情的方法，让学生通过角色扮演、角色转换及人格感染等方式，来增强课堂教学效果的情感调控方法。

第一，角色转换，真情体会。课堂教学中，教师可设置特定的问题情境，利用移情的方法让学生积极地转换角色，从而使他们体验到不同的人物在特定的场合下所特有的心理感受。比如，江苏耿方珠老师教《我的战友邱少云》时，为了让学生更深刻地体会"烈火在他身上烧了半个钟头才渐渐地熄灭"这个重点句，他插入了这样一个问题："同学们，你们被火烫着过吗？有多长时间？你们感觉怎么样？"学生回忆起被火柴烫了指头或是蜡烛油烫到了脚上的感受，时间不过一两秒钟，直痛得龇牙咧嘴。接着耿老师话题一转，让大家体会一下邱少云让烈火在身上烧了半个钟头而且纹丝不动，那会有什么感受。通过学生对日常生活琐事的体验来转换情境和角色，达到在心理上扮演邱少云烈士以体验其当时感受的目的，从而加深了学生对课文的理解。

第二，情感激励，知难而进。一方面，要善于以情感激励意志。当学生在品德、学业等方面获得初次成功时，应及时鼓励、表扬，使学生由成功的喜悦上升到进一步的刻苦、勤奋与不断进取的坚强意志上来。另一方面，教师要充分发挥意志的调控作用，提高情感的稳定性。在教育实践中，学生对待学习往往有明确的学习目标，热情也比较高，但如果遇到考试失败就很容易一蹶不振，产生消极的情绪。教师应针对这一情况培养学生勇于面对困难、知难而进的意志，让失败成为前进的动力，遇挫折反而更冷静、更信心百倍，朝着既定的学习目标前进。

3. 想象升华策略

想象升华策略，是指教师在课堂教学中，善于制造"认知矛盾"以启动学生丰富的想象力，并在学生思考的适当时机或最佳时刻为他们指点迷津或适时点拨，使学生体验到成功的喜悦，从而提升他们的认知水平和情感层次的一种教学方法。课堂教学中，教师应该抓住"最佳时刻"，把握"最佳情境"，对学生的课堂情感进行有效的调控，保证其情感体验向更高方向发展。

第一，着力用劲，渐入佳境。课堂教学中往往有许多地方需要教师着力用劲、精心设计和适当引导，学生一旦解决了自身的认知矛盾和情感矛盾，便可自由地展开想象、渐入佳境，获得更高的认知水平和更深的情感体验。例如：《孔乙己》一文中，有多处出现了"笑"字，这个"笑"字实际上就是作者精心构思的"文眼"。抓住这个"笑"字设疑、激疑，就可以引导学生层层深入地发掘文中的深意。有位老师围绕这个字提出了一连串的问题："孔乙己一出场，就有一个字伴随他，这是个什么字？""课文中哪些地方表现了孔乙己的可笑之处？""周围的人为什么都讥笑他，这说明了什么问题？"

这些精心设计的问题，处处问到点子上，个个都能激起学生思维的震动，引起学生热烈的讨论甚至争论。

第二，鼓励思变，共享喜悦。《詹天佑》一课的最后是这样说的："今天，我们乘火车去八达岭，过青龙桥车站，可以看见一座铜像，他就是詹天佑。"对其中的"他"，教师问学生："为什么这里用'他'而不用'它'呢？"甲说："他，指的是詹天佑的铜像，应该用'它'。"老师又问："那么，是我们的作者写错了，还是书印错了？"乙说："没有错。用'他'，强调了人们对詹天佑的纪念。"教师继续追问："为什么用'他'就表示是纪念呢？"学生们哑然。教师提示说："'他'指活生生的人，'它'指没有生命的东西或有生命的动物……"，这时丙说："这是拟人化的用法，把铜像当作还活着的真的詹天佑，说明詹天佑永远活在人们心中。"在这个例子里，学生通过积极的讨论，不仅得到了满意的答案，而且培养了对美好事物的热爱，是一次成功的情感体验和审美教育，实现了一次认知和情感的提升。

第二篇　学习的新思维

一般传统的教学观念，将教师的教学活动摆在第一位，忽略学生学习的重要性。殊不知，学生学习成效的达成与学习质量的优劣，才是教学活动最终的目标所在。教学活动包括"教师的教"与"学生的学"，二者不可有所偏废，才能达到预期的教学目标。

本篇的主题定为"学习的新思维议题"，在议题方面包括社会化学习的理论与应用、自我实现学习的理论与应用、深度学习的理论与应用以及学习效能的理论与应用，阐释的内容围绕与学习有关的内容，包括学习模式的内涵、学习理论的运用、学习方法的践行、学习策略的应用、学习评量的演进、学习效能的探讨、学习研究的趋势和学习革新的方向等。本篇希望可以提供给教学者一个有关学习新思维的观点与做法，通过观念的改变与做法的革新，提升学生的学习效能与学习质量。

第五章　社会化学习

社会化学习的关键在于将教学的重点由教师的"教"转为学生的"学"。它的理念包括重视教师教学的哲学理论基础、将学校教育聚焦于学生学习、建立以倾听为基础的学习氛围、营造平等对话的学习姿态、树立协同学习并非合作学习的学习观点、建构同僚性的教师公开研修机制等。

本章的主要意义在于简要说明社会化学习的意义和概念，通过介绍学生学习活动的简单原则，说明社会化学习在教师教学活动上的应用策略。在内容方面，包括构建学习共同体、开展团队合作学习、运用团体动力学原理、训练学生的社会技巧等。本章希望通过"学习共同体"概念的讲解，说明教师的教学活动如何引导学生进行学习上的共同合作，应用社会技能养成分工合作、同侪学习辅导与互助的习惯，以达到社会化学习的目的。

一、构建学习共同体

本节探讨说明了学习共同体的概念、意义以及实际应用，主要用意不是简单宣传推广"学习共同体"，而是从学理层面，分析学习共同体的实际意义和应用价值。

（一）学习共同体的概念

共同体（community）原是一个社会学的概念，最初来源于德语，是由德国学者滕尼斯（Tonnies）于 1887 年在《共同体与社会——纯粹社会学的基本概念》一书中提出来的。其词义包括四层维度：第一，任何大小的一个社会组织，其成员居住在一特定区域内，共有一个政府，并有共同的文化和历史传统；第二，一个因具有共同特征或兴趣，使它在其存在的较大社会组织中显现出来的团体；第三，公众、大众（The Community）；第四，共有、共享（Share Possession）。[①]

20 世纪 90 年代初，共同体这个概念逐渐进入教育领域。萨乔万尼（Sergiovanni）在美国教育研究协会举办的一次会议中的倡议将"学习共同体"引入教育领域。他提出应该将学校建设成一个合作的学习共同体，认为以往单一的"组织型学校"阻碍了教师、学生的主体性发展，制约了师生间的合作和共享精神。[②] 而"学习共同体"会改变这一现状，它的出现将激发教师、学生以及教育管理者的正向动机，在学校的发展中产生重要作用。在学习共同体中，成员之间形成相互影响、相互促进、相互竞争的人际关系，最终促进个体的成长，以达到实现有意义学习的目的。因此，"学习共同体"成为近年教育研究中的一个日渐火热的主题。

学习共同体指"学习者在共同目标的引领下，在同伴支持和知识共享的基础上，通过对话、分享、协商、反思等实践活动，以达到有意义学习为目的，以促进个体发展为旨归，以追求共同事业为目标的一种特殊的组织形式"。就其性质来看，学习共同体是共同体的一种特殊形式，它既具有共同体的一般特点，又具有自身的特殊性；它不仅是一种群体组织形式或社会关系，更是学习理念、学习方式和一种组织形式中的人、人与人的关系

---

① 叶瑞祥：《简明学习科学全书》，团结出版社 2017 年版，第 351 页。
② 李家黎：《学习共同体：教师专业发展的有效途径》，《教育探索》2018 年第 10 期，第 101~102 页。

以及人的活动构成的学习环境的有机统一。[①] 学习共同体强调学习与发展，重视全体成员的参与和共同提升，经验的交流与分享，形成共同目标与愿景等。在目标追求上，学习共同体更多地追求群体中的个人发展，通过互动学习，取长补短，共同发展，不让任何一个成员掉队，倡导差异化发展。在价值取向上，学习共同体更强调真实情境、彼此互动，它似乎具有更多的理想成分与情感色彩，注重个人认同、情感支持与共同精神。[②] 在建设途径上，学习共同体更多地强调民主管理、团体意识、共同协作。在组织层次上，学习共同体尽管具有多个层次（如组、班、学校、社区），但更多地指由特定学生群体或教师群体组成的学习共同体。[③]

（二）学习共同体的意义

学习共同体强调学习与发展，提倡全体成员的参与和共同提升，注重经验的交流与分享，达成共同目标与愿景。因此，学习共同体对于实际的教学活动具有深远意义。

1. 利于高效的集体学习

一般学校的集体学习还停留在"围、念、散"的状态，学习流于形式，谈不上有什么效果。而形成学习共同体的学校高度重视组织成员的学习，做到计划周密、组织健全、主题突出、内容充实、形式多样、准备充分。他们引导教师树立"终身学习"的观念，不仅狠抓教师个性化的自主专业学习，也抓集体学习；不仅狠抓读书学习，也抓在实践中学习；不仅领导带头学习，而且鼓励同伴交流学习。这有效保证了集体学习的实效性和高效性。

---

① 王雪松：《以系列学术沙龙为依托的大学英语教师学习共同体研究》，中国书籍出版社 2016 年版，第 24~26 页。

② 潘洪建：《"学习共同体"相关概念辨析》，《教育科学研究》2013 年第 8 期，第 12~16 页。

③ 王雪松：《以系列学术沙龙为依托的大学英语教师学习共同体研究》，中国书籍出版社 2016 年版，第 24~26 页。

2. 利于深刻的实践反思

教师在班级授课、绩效考评、师生关系处理以及协调各种教育力量等工作方面，肯定不会是一帆风顺的，遇到各种挫折和困惑是再正常不过的事。而融入学习共同体的教师，可以获得共同体其他成员的鼓励帮助，重视在实践中反思。他们经常带着工作中遇到的问题，反思自己的教育观念是否出了问题、教育内容是否产生偏差、教育方法是否出了毛病，并在此基础上加以改进。而且，学习共同体可以为教师搭建展示研究成果的平台，开展个案交流研讨活动，把反思引向深入。[①]

3. 利于优质的教育合作

学习共同体推崇教师在与同事的合作互动与对话过程中共同发展。学习共同体的成员开展平等的互动合作、互相观摩，交换意见，或针对某个实践或理论问题探讨切磋。可见学习共同体成员可以在合作中实现共同专业成长，达到互利双赢。一般情况下，学习共同体比较成熟的学校，教师之间的合作都是发自内心的、自愿的行动，他们能够坦诚相待，指出对方的缺点，学习彼此的长处。如此一来，学习共同体会逐步积淀成学校优质的合作文化。

（三）学习共同体理论的应用

学习共同体在中小学已经实施一段时间，且慢慢地为中小学教师接受。为了有效促进学习共同体理论在中小学的推广，学校在实际应用过程中应该注意以下几点：

1. 让学生不再从学习中缺席

传统的教学活动，重点教师的教学，忽略学生在教学中的重要性。学习共同体的理念，强调学生是教学的主角，重视学生的学习参与。因此，学生不再成为教学中的旁观者，而是教学中的参与者。学生在学校教育中，

---

① 齐力：《班主任专业化发展的自我修养》，天津教育出版社 2017 年版，第 46~47 页。

不再成为"陪读者"的角色，而是"主动参与者"的角色。如此一来，学生就不会在学习中缺席，也不会从教师的教学中溜走，真正从学习的"被动者"成为"主动者"。

2. 教师愿意接受各种改变

教师在累积多年的教学经验之后，总会觉得自己的教学已经成熟，以"经验教师"或"专家教师"自居，封闭教学生涯。通过"学习共同体"理念的实施，开展教师相互观课、相互学习的活动，引导教师了解"自己的不足"，杜绝"一个经验用20年"的现象。通过学习共同体，教师愿意接受他人的优秀建议，改变原有的教学观念，修正自己的固化思维，将教学经验"去芜存菁"，获取新的教学技能。

3. 开放教师的教学课堂

在封闭的传统教室中，教师是课堂的主宰。凡是教师所做的决定，不管是对或错，学生都要一概承受。除非教师想要开放教室，否则学校的教室永远都是封闭的。而学习共同体实施的前提就是开放教师的课堂，共享授课的内容。因此，学习共同体理论的践行可以改变教师的传统思维，鼓励教师打开教室大门，激发教师合作分享的动机。教师打开教室，让关心教育的各界人士进入课堂，观摩授课，无形中又会激励教师努力使自己的教学变得更加优质、更加完美。

4. 互动分享教学经验

传统教学中，教师的角色是"决定者"，也是"执行者"，当然更是成败的"承受者"。学习共同体的理念，强调的是教师彼此分享教学心得，通过相互分享可以让教师从教学走向专业人群，让教师的教学不再"孤单"。教师可以从各界人士中得到更多的精神鼓励和实质帮助。当教师在教学中遇到各种难题，或是在教学中感到孤单时，可以从同伴教师中得到更多元的教学经验、更专业的教学指导，从而激发更丰富的教学想象。

5.提供丰富的教学资源

学习共同体的实施，使教师的教室更为开放。由于开放教室的存在，各种专业人员可以进入教室，彼此相互学习、相互分享、相互辅导。因此，教师能够享有多样的教学资源，获得贴切的指导建议。和传统封闭的教室相比，学习共同体之下的教师教学不再"孤军奋战"，而是打"群体战略"。因此，践行群体合作的学习共同体为教师教学提供了丰富的教学"支持"资源。

6.教师教学走向专业化

尽管学术界对"教师的教学是否为一种专业的展现"这一问题众说纷纭。但是，我们必须承认的是，教师的教学活动需要各方面专业知识和专业能力的支撑。学习共同体的实施，让教师的教学活动得到各界的重视和关心。通过教室的开放来透视教学的梗概，通过固定的观课来了解教学的面貌，通过分享沟通来增进共同体成员间的了解。因此，学习共同体的应用必须有助于教师教学的专业化。

二、开展合作学习

传统的教学活动，强调教师的"教"与学生的"学"，关注个别学生的学习状况，重视学业成绩竞争。合作学习与传统学习有相当大的差异。合作学习有助于提升学生的学业成就、增进学生的学习动机、发展学生的合作技巧、增强学生的学习自尊，有利于学生掌握多样化的学习策略。合作学习的意义、理念、类型及应用策略，简要说明如下：

（一）合作学习的意义

合作学习是以学习小组为基本组织形式，系统利用教学动态因素之间的互动来促进学习，以团体成绩为评价标准，共同达成教学目标的活动。[①] 具体言之，合作学习的意义涉及以下几个层面的内容：

1. 学生人格健康发展的需要

建构健康的儿童人格是时代性的课题。学生是渴望交往的特殊群体，他们在强烈的交往意识的驱动下，却显得交往能力跟不上，抑或交往意识非常淡薄。值得注意的是，心理学研究一再表明，学生阶段的不良交往与合作，不仅预示着成年时的心理不良和人格变态，甚至今后的智力发展也会出现障碍，这不能不引起我们的深思。

合作学习的倡导者们把学习看作满足主体内部需要的过程。格拉塞（Glasser）认为，青少年学生中有四种重要的需求值得认真关注，这就是归属（或友谊）、影响别人的力量（或自尊）、自由和娱乐。在合作学习中，小组成员之间相互交流、相互尊重，既充满温情和友爱，又像课外活动一样充满互助和竞赛；通过提供帮助满足了自己影响别人的需要，同时又通过互相关心满足了归属的需要。在小组中，每个人都有大量的机会发表自己的看法，也乐意倾听他人的意见。当学生一起学习时，他们得到的更多，也学得更愉快。

2. 全面认识课堂功能的需要

班级（课堂）、学校是儿童天然的交往场所，有着家庭所无法取代的交往任务。课堂教学除了传授给学生知识这一任务外，它的交往与合作功能日益重要。即使是传授知识的认知活动，也必须在师生之间、生生之间的不同层次、多种类型的交往基础上展开和实现，没有交往就没有教育。因此，合作学习可以促进学生的合作交往，利于课堂功能的发挥。

首先，合作学习倡导多边互动。它充分挖掘以往课堂教学研究所忽视的，甚至加以限制和排斥的生生互动这一潜在教学资源，为我们研究和提高教学系统效能提供了新的思路和广阔的前景。其次，合作学习还将传统

---

① 王坦：《合作学习的理念与实施》，中国人事出版社 2002 年版，第 9 页。

班级教学的以竞争型目标结构为主转变为以合作型目标结构为主，变单纯"输—赢"关系为"双赢"过程，从而激发了学生参与学习、乐于学习的兴趣和动机。最后，合作学习改变了传统课堂中小组学习流于形式的现状。在合作学习中，小组成员分工明确、互帮互助、互教互学，真正做到集思广益，充分发挥每个人的智慧和能力来解决问题。

3. 新课程改革与学习方式转变的需要

在新一轮课程改革中，教育部明确指出基础教育课程改革的目标之一是"改变课程实施过于强调接受学习、死记硬背、机械训练的现状，倡导学生主动参与、乐于探究、勤于探索，培养学生收集和处理信息的能力、获取新知识的能力、分析和解决问题的能力以及交流与合作的能力"。本次课程改革的重点之一是促进学生学习方式的转变。我们今天必须倡导的新的学习方式是自主学习、合作学习和探究学习。

有效的合作学习往往涉及以下一些要素，比如要教给学生合作的技能，设计合适的小组目标和任务，建构小组成员间的积极互赖，保证责任到人，加强对合作学习的管理和进行有效评估等。合作学习为多元化教育价值的实现提供了适当的方式和途径。在课堂中开展合作学习能突出学生的主体地位，培养学生主动参与的意识，激发学生的创造潜能，培养学生的交际能力，利于学生自我意识的形成，为学生社会化程度的发展提供充分的条件，让学生获得类似科学研究的体验和技能，进而培养合作能力和团队精神。[1]

（二）合作学习的理念

教师实施合作学习，主要是针对班级学习的各种现象，规划和运用有效策略，来处理学生学习的各种问题。有关合作学习的实施理念，简要说明如下：

---

[1] 盛群力，邓淑贞：《合作学习设计》，浙江教育出版社 2006 年版，第 39~41 页。

1. 正确对待学生的学习差异

学生在班级内的学习差异现象是教师最容易忽略的一环。在常态编班的班级教学中，教师的教学活动无法做到因材施教，对于学习上的"优、良、中、低、差"的学习差异现象，无法提供"适时"和"及时"的教学辅导。但是，合作学习运用学习辅导的概念，让不同学习成就等级的学生担任学习辅导小老师的角色，对落后学生进行及时辅导。这样一来，既可以调动每一位学生的学习积极性，又能满足学生的个别差异需求。

2. 提升学生学习参与的动机

学生不愿意参与班级教学的主要原因在于缺乏学习动机，无法从教师的教学中得到"成功的机会"，或是经历过较多的学习挫折，导致学习自信心下降。而合作学习的实施，改变了传统教学的做法，由教师单向的教学讲述到师生双向的研讨交流，由学生被动的聆听到主动积极的参与。合作学习通过学生积极开展合作交流、承担学习责任，来增强自身的学习参与动机。

3. 有效发挥学生的学习潜能

传统的教学活动，无法有效发挥学生的个别潜能，不能提供"个性化""针对化"的学习辅导。而合作学习重视个别学生在协助之下的潜能发展情况。通过同伴学习辅导的方式，学生可以满足其自身学习需求，激发自身学习潜能，提高学习成效。

4. 培养合作的核心素养

传统教学强调个别学生的发展，忽略学生间的分工合作，这容易导致班级恶性竞争现象。而合作学习可以形成学生学习的"共同责任制"。学生既为自己的学习负责，也为团体的学习绩效负责。如此一来，学生能够掌握分工互助的社会技巧，积极有效参与学习活动，养成合作的核心素养。

（三）合作学习的类型

根据国内外学者的研究论述得出，合作学习的类型分为学生小组成就区分法、拼图法、认知学徒制、配对学习、共同学习法、团体探究法、学习共同体、小组学艺竞赛法、小组协力教学法等，现简要说明如下：

1.学生小组成就区分法

此种合作学习的类型应用范围最广，实施效果最显著。它包括五个主要的构成要素：第一，全班授课：教师利用口头或视听媒体介绍需要学习的教材；第二，分组学习：教师依据学生的能力、性别、背景、学习心理等特质，将学生分为4—5人一组，采取异质性分组方式来学习单元教材；第三，小考：学生通过个别小考的方式评价学习成效；第四，个人进步分数：以学生过去的学习成绩为基点来比较学生现在的成绩，凭借进步的程度来决定每个人为小组争取多少积分。

2.拼图法

拼图法是阿伦森（Aronson）发展出来的教学法。首先，教材依据学科内容被分成五个小子题。其次，教师将全班学生分组，每组有六名学生，每位学生负责研习一个小子题，另一位学生列入候补，以便遇到学生缺席时，递补之用。负责相同子题的学生先成立"专家组"共同研究负责的子题，以达到精熟的程度。最后，"专家组"同学将自己所负责研习的教材内容教给同组其他同学。由此可见，拼图法是由学生形成学习共同体后，在同伴学习的帮助下达成预定的学习目标。

3.认知学徒制

认知学徒制是柯林斯（Collins）、纽曼（Newman）、罗格夫（Rogoff）等人针对"教学中如何帮助学生建立尊重信任，理解掌握社会技巧，培养高层次思考能力、批判能力和解决问题能力"这一问题而发展出来的教学法。认知学徒制采用"做中学"的形式。教师针对教学活动目标与内容，将学生需要完成的学习任务置于真实情境中，引导学生从实际情境中开展学习活动，重视学生认知能力的发展。

4. 配对学习

配对式合作学习是丹塞雷（Dansereau）基于认知学徒制的特点所延伸出的一种教学方法。在配对学习模式中，教师引导学生通过小组互动的方式来达成学习目标，改变原有的封闭学习方法，弥补个人学习的不足。因此，配对学习是认知学徒制合作学习的另一种形式。

5. 共同学习法

共同学习法（learning together）最有名的推动者为约翰逊（Johnson）。为了促进成员间有更多的时间讨论，进行更频繁的互动交流，共同学习法的小组限定人数，且均为异质分组。此种方法重视组内成员互信互赖以及合作共赢关系的建立。通过安排作业、分配学生任务、建立奖励制度、指导合作技巧等方式来促进学生的合作学习，提高学业成就。

在分组方面，教师依据教学目标、先备能力、互动性质、教材内容以及课程时数等因素来决定学习小组的人数。分组以异质分组最佳，可由学生自愿或教师决定组员。为了促进学生互动，养成细致思考及专注学习的习惯，组内成员可以长期固定不变。在教室空间安排方面，既可以安排同一组的学生紧邻而坐，也可以将学生按圆形座位排列，便于学生目光接触互动。当然，整个教室的空间安排需方便教师至各组巡视指导，且小组间互不干扰。在教材规划方面，教师可依小组组员间合作技巧的纯熟度，将教材分配到各小组，让小组每一位学生都能参与学习，并有所表现。在分派角色方面，教师分配给小组成员各种角色，如检查者、记录者、报告者、联络者等等，让每一位学生都有责任完成小组目标，使组员间产生积极依赖的关系。在解说任务方面，教师说清楚课程的重要概念、原则、作业方式，以便学生明了课程目标及作业方法；在建构目标方面，教师所建构的目标能够充分调动小组成员的积极性，例如：要求小组共同完成一份报告或一件作品，完成后设定奖励方式，以增进成员间互赖互动。在制定成功标准方面，教师在课程一开始应先清楚说明学习成就的评量指标，依据学生能力建立可接受及达到的成功标准。在学习协助方面，小组学习开始后，教师要随时观察掌握学生是否能够保持以合作的方式完成工作任务。若发现小组有学习问题时，教师要具体说明、澄清及答复疑难问题，鼓励成员合作讨论，以解决学习困难。在评价成就方面，教师在小组合作学习后，从质与量两方面进行学生成就的评量以及合作行为的评估。

6. 团体探究法

团体探究法由夏朗（Sharan）于 1976 年提出。本模式的特色在于教师与学生共同讨论将一个学习目标分割为数个小目标。各小组通过合作探究、小组讨论及协商计划等活动对每个小目标进行主题学习与研讨。团体探究法的教学流程分为"界定主题并组织研究小组—计划研究工作—进行研究准备报告—呈现报告—学习评价"等五大环节。而且团体探究法的原理可以运用在单一目标的课程设计上。以舞蹈表演课程设计为例，首先将学生进行分组；其次，请各小组进行编舞；最后，在分组练习后，组员呈现舞蹈。由此可见，团体探究法能够提供给学生多样而广泛的学习经验，促进学生的认知发展。

7. 学习共同体

学习共同体以学习为核心概念，采用学习社群的方式，将学生按照共同目标进行分组，运用学习共同责任与相互分享策略，达到教学与学习的目标。小组成员突破以往传统单打独斗的学习模式，以沟通、合作的方式，建立一个多元、专业、分享的互动情境，形成支持互助的学习系统，进而增进小组成员间的责任感与认同归属感，解决学习难题，增进学习品质。

8. 小组学艺竞赛法

小组学艺竞赛法（TGT）和学生小组成就区分法的构成要素相似，但不同之处在于小组学艺竞赛法是以游戏竞赛的方式来代替小考测验。具体来说，小组学艺竞赛法的教学流程分为：全班授课—分组学习—学艺游戏竞赛—小组及个人成效评价—（个人、小组）表扬。

9. 小组协力教学法

小组协力教学法（TAI）又称为小组加速教学法。此种教学法结合了合作学习及个别化教学的特点，是斯莱文（Slavin）于 1985 年为三至六年级的数学课程设计的，其教学步骤如下：安置测验；分组学习（阅读说明页—单元练习—形成性测验—单元测验）；小组评价（小组评分）；班级学习评价（真正测验）—全班授课。该模式适用于有考卷或学习单评定分数的个别化学习，很难适用于一般的班级课程中。因此，教师应该按照实际的教学情境来选择使用本模式。

（四）合作学习的教学策略

长期以来，教师似乎已经习惯了传统的教学模式，麻木于"教师讲、学生听""排排座、个别学""单打独斗、团体比较"的教学形式。因此，无法透过团体学习（或团体合作）提升教室的教学气氛和教学效能。但是，教师可以考虑应用合作学习进行教学来打破这一局面。

虽然合作学习本身不是教学的"万灵丹"、学习的"万用药"，但是合作学习可以改变教师的教学理念，提供给教师多元的教学思维，引导教师调整"教学型态"，改变教师的"教学策略"，修正教师的"教学理念"。不仅如此，合作学习还可以让教师摒除"一种方法用 30 年""30 年用一种方法"的不当做法，引导教师从"改变中学习""从学习中改变"，进而优化自身的教学专业技能。那么，在合作学习的实际应用中，教师应该清楚"教完不一定学会、学会不一定靠教完"的基本理念；在教学前，依据学生的不同特质进行分组，方便后期进行讨论交流；掌握不同类型的分组合作学习方式；积极吸纳改变教学的各种因素，为班级教学注入新的活力；依据不同学科领域的特性，选择合适的合作学习类型；调动学生的学习积极性，避免"班级陪读"现象的发生；给予学生积极参与学习的机会。

三、运用团体动力学原理

良好班级气氛的营造，是教学活动成功实施的前提。如果班级氛围不佳，就容易影响学生的学习气氛，降低学生的学习积极性。而班级气氛良好时，则会激发学生的学习意愿，勇于面对各种学习困难。因此，教师可以运用团体动力学原理来营造良好的班级氛围。

（一）团体动力学理论的概述

团体动力学理论，又称群体动力学，是研究非正式组织的一种理论，1945 年，由德国心理学家库尔特·勒温（Kurt Lewin）及其合作者创立。勒温援引物理学中场论和力场的概念来说明非正式组织成员之间各种力量相互依存、相互作用的关系，说明非正式组织中个人的行为。他认为，一个人的行为是个体与环境中各种有关力量相互作用的结果，即函数式 B=f（P·E）。在公式中，B 为个人行为的方向与强度，P 是个人的内部动力和特征，f 是个人所处的团体环境。这就是说，非正式组织中个人行为的方向和强度决定于个人现存需要的紧张程度和环境场景力场的相互作用关系。群体动力论研究非正式组织的行为就是研究非正式组织中支配行为的各种力量与个体的相互作用及对个体的影响。该理论还对非正式组织的目标、内聚力、规范与结构、非正式组织的领导方式、参与者及组织如何实现行为的改变等问题进行了广泛的研究。[①]

简言之，团体动力学理论注重团体内的互动关系，探讨团体性质、发展法则以及团体内整体与部分的交互关系，并就动力学原理从事实验研究。在团体动力学理论的指导下，班级气氛研究强调班级团体，重视班级内部

---

① 彭克宏:《社会科学大词典》，中国国际广播出版社 1989 年版，第 1121 页。

各成员之间的交互作用关系。也就是说，班级气氛是班级团体内部成员之间彼此交互作用的结果。

（二）班级气氛的影响因素

在消极、沉闷的班级气氛中，学生是被动的，甚少机会和班级对话，对于教师的谈话只是做消极的反应，甚至表现静默或困惑。而积极活泼的班级气氛中，学生是主动的，具有许多和班级对话的机会，对于老师的谈话做出积极的响应。因此，教师应该清楚影响班级气氛的因素，努力营造一种良好的班级气氛。

班级气氛是指在班级社会体系所有成员进行比较长期的交往中所产生的一种共同心理倾向。班级气氛或班风的形成，既有班级内部的因素，又有班级外部的因素。① 其中，弗兰德（Flander）认为师生互动关系是影响班级气氛形成的重要因素之一。他提出，教室内师生口语行为、谈话方式的互动情形，会影响教室气氛的形成。不仅如此，教师在教学情境中的教学行为，还会对学生的学习态度与学习效果产生巨大的影响。另外，安德森努（Andersonu）也指出，影响班级气氛的因素包括四种交互作用：学生同伴之间的关系；学生与课程之间的关系；学生与教师之间的关系；学生对班级结构的知觉等。

由此可见，影响班级气氛的因素多种多样。然而，不管班风是好是坏，只要它一旦形成，就成为一种具有约束性的东西，对班级社会体系中的每个成员产生这样或那样的影响。② 因此，教师需要在把握这些因素的基础上，运用团体动力学理论来实现良好班级氛围的建构。

（三）增进班级气氛的做法

对于教师来说，努力在班级中形成一种有利于学习的良好气氛，并充分

① 张念宏：《教育百科辞典》，中国农业科技出版社 1988 年版，第 284 页。
② 张念宏：《教育百科辞典》，中国农业科技出版社 1988 年版，第 284 页。

加以利用，是促进学习的一种重要方法。那么，怎样去形成和利用这种积极的班级气氛呢？这就要从以下几方面着手做起。

第一，教师在班级生活中，应该具有适当的人格特质，如友善、幽默、温暖、风趣、真诚、同理、尊重等；第二，教师应采取适当的领导风格，公平对待每一位学生，对任何学生都给予相同的注意和关怀；第三，教师要能随时随地给予学生适当的奖励；第四，教师要让学生了解教师愿意随时提供学生各种实质上的帮助。只有这样，学生在班级生活中遇困难时，才愿意随时向教师寻求协助；第五，教师要了解学生的需求，不过于苛求学生，同理心相待学生的难处；第六，建立良好的师生关系。如果师生之间的关系密切，那么，教师就可以随时掌握学生的学习动态，彼此相互帮助、相得益彰；第七，转变校长领导风格。学校组织气氛常因校长的领导风格有所改变，校长应该采取高关怀、高倡导的领导风格，协助教师一起营造积极向上的班级氛围。

（四）团体动力学的教学策略

班级气氛是影响教学质量的因素之一。教师在教学活动实施时，应该先营造良好的班级气氛，让学生可以在良好的气氛中学习。当学生遇到学习困难时，就可以在轻松自由无压力的情境下，发挥自己的学习潜力，降低学习的恐惧情绪。虽然气氛良好不一定能提升学习成就，但气氛不佳的学习情境，却一定会降低学生的学习成就。

在班级气氛营造方面，教师应该运用团体动力学理念，让学生可以在良好的气氛中学习。其中，教师在改进班级气氛时，可以参考以下几方面的策略：第一，建立并公布班级团体规范准则，并且让学生周知；第二，在教学活动进行时，应该通过团体规范的执行，引导学生遵守团体准则；第三，定期营造班级学习团体的学习气氛，让学生在团体气氛中开展学习活动；第四，掌握学生的学习特性，并将其作为教学实施的依据；第五，将称赞、嘉许学生的话语常挂在嘴边；第六，无论是好学生或是表现稍差的学生都应该给予相同的注意和关怀；第七，注意及时称赞学生的进步，这比事后给予嘉许的效果更好；第八，掌握"扬善于公堂、规过于私室"的要领对待学生。

四、训练学生的社会技能

相关研究指出，学生在情绪表达方面如果出现反社会行为，通常和学生本身的社会技能有关系。因此，教师有必要在班级教学中训练学生的社会技能，提高学生的思维认知水平。

（一）社会技能的意义

社会技能是个人在社会情境中能利用被社会接受与肯定的方式与他人互动，同时使每一个人均能获益的能力。社会技能被认为是人发展的基础。从一出生开始，人的生存就部分地依靠于是否有建立和维持社会交往与关系的能力。在个体长大成熟的过程中，社会技能提供了与他人进行交流的基础，并且这一技能也成为人类表达自己意感、需求并使之得到满足的主要方式。[①]

社会技能的意义包括三个层面：第一，具有导引强化结果的能力；第二，在人际情境中习得社会交往的能力；第三，促进个体全面发展的能力。良好的社会技能不仅能够利于与他人进行有效沟通，还能增加自信心。除此之外，社会技能属于社会能力的另一个层面，具有良好社会技能的人能对他人的话语或行为产生恰当的回应，并以弹性且敏锐的方式掌控与他人

---

① ［美］玛格丽特·C·王：《特殊需要儿童教育》，肖非译，西南师范大学出版社 2011 年版，第 102 页。

的交往方式。

（二）社会技能训练的内容

有关学生社会技能的训练，可以参考戈尔茨坦（Goldstein）等人在1989年提出的社会技能训练内容（见表5-1）。

表 5-1 青少年社会技能训练内容

周次	训练主题	训练内容与过程
1	表达怨言	界定问题性质； 考虑问题应该如何解决； 告诉对方问题所在以及解决措施； 对他人的请求有所回应； 表达自己对对方的情感； 采取办法获得他人的共识。
2	对他人情感的反应（同理心）	观察他人的话语和行动； 考虑他人的感受； 向他人表示自己了解他现在的感受。
3	为有压力的会谈做准备	想象自己处于一个成功的情境中； 思考你此刻的心情以及为何有这种心情； 设想处在压力情境中的感受以及为何有这种感受； 思考如何让对方了解自己的想法； 想象对方将如何讲话； 重复上述各种步骤，并思考其他各种可能的方法； 选择最佳的方法。
4	对愤怒的反应	倾听别人想说的话； 显示自己了解对方的感受； 请求对方了解自己的不足之处； 表明自己了解对方的愤怒； 表达自己的想法与感受。
5	避免吵架	停止吵架，并想想自己为何吵架； 考虑吵架的后果； 思考除了吵架之外，处理此种事情的最佳方法； 选择处理此事的最佳方法，并努力践行。
6	帮助他人	决定他人是否需要自己的帮助； 想想自己如何帮助他人； 主动表明帮助他人的意愿； 帮助他人。

7	处理被责骂	回想被责骂的内容； 反省被责骂的原因； 考虑回应他人责骂的方法； 选择最佳的方法并付诸实施。
8	处理团体压力	思考他人要求自己做的事及其理由； 选择自己想要做的事； 考虑如何告诉对方自己的想法； 告诉团体自己想要做的事。
9	表达情意	思考你是否对对方有好感； 考虑他人是否愿意接受你的情感； 选择适当时间与地点表达自己的情感； 决定以何种方式表达自己的情感； 以温婉和关怀的态度表达情感。
10	对失败的反应	判断自己是否失败； 思考失败的可能原因； 考虑再一次做此事时，如何避免失败； 决定自己是否再次尝试。 假如再次尝试的话，使用反思的新方法。

（三）社会技能训练的教学策略

教师在训练学生的社会技能时，可以考虑将训练主题、训练内容与训练过程，融入综合活动课程与教学设计中，利用课堂零散时间教导学生。除此之外，教师可以针对学生平时最需要改善的社会技能开展教学活动，以此来提升学生的社交技巧，引导学生善用各种社会技能，改进班级同学的合作关系。

在实际的教学活动中，教师除了学科教学外，还应该利用机会将社会技能纳入教学活动设计中，将表 5-1 中的社会技能训练主题和内容在班级教学以及学习活动中进行落实。当班级管理出现问题时，教师可以考虑运用社会技能训练加以回应，将相关的理论应用于实践中，让学生在实际情境中感受到社会技能的应用成效，而且教师应定期评估学生的"社会技能表现"，并依据不足进一步改进学生的社会技能。通过社会技能的训练，学生们可以冷静地观察、倾听和等待他人的反应与行为，意识到自己的需求和期待，并通过认知行为的表现来进行价值取舍和评价。这样一来，学生渐渐地在课堂上建立起积极的自我形象，也勇于参与团体的活动，为团体制定计划，承担责任，遵守团体的规则。①

五、促进家校合作

家庭是孩子最早接受教育的场所，父母是孩子的第一任教师，家庭教育在孩子的成长中起着奠基作用。当今，家庭教育的重要性日益凸显，家庭教育的问题和矛盾也层出不穷。

1. 当前家庭教育的困局

近年来，随着优质教育资源稀缺，社会竞争压力增大，家长对子女教育更加重视，教育投入越来越多。但值得注意的是，当前家庭教育问题重重，比较突出的表现在两个方面。第一，家长教育素养不高，教育"无力感"突出。受传统教育观念的影响，许多家长在家庭教育观念上存在认知偏差，过于注重知识的获得，而忽视人格养成与习惯的培养。很多家长缺乏相应的教育素养以及与孩子沟通的技能，因而在面对孩子的各种行为与心理问题时常常会手足无措。第二，情绪失控现象普遍，亲子矛盾突出。孩子的成长需要家长的陪伴，学校教育需要家长的协作。目前，家校之间合作不断加强，家长也被迫承担了较多任务和要求，但由此也诱发了亲子之间更多的矛盾和冲突。网络上，辅导孩子作业成为家长纷纷"吐槽"的重要议题"不写作业，母慈子孝，连搂带抱；一写作业，鸡飞狗跳，呜嗷喊叫"的段子也流传颇广。笔者调查发现，很多家长在辅导孩子作业过程中缺乏耐心，一味地批评指责，讽刺挖苦，甚至施以暴力体罚。这些不当行为导致孩子紧张焦虑，让孩子对学习产生厌倦恐惧，极易造成亲子关系的隔阂与

---

① 陈蓉：《声势、音色、节奏与身体》，上海教育出版社 2016 年版，第 184 页。

裂隙。第三，家长干涉控制过多，孩子主动性不强。很多家长在辅导孩子作业的过程中，常常全程监督，对孩子的学习进行高压控制。这种家庭教育模式下，孩子的学习是被动、消极的，一旦脱离家长的监管，就很难独立完成学习任务。总之，家长过多的干涉会助长孩子的依赖感和无助感，压制孩子的独立思考能力，阻碍孩子主体性的内在发展。

二、实现家长互助合作

如何缓解家庭教育焦虑，让家庭教育走出困局，推进家庭教育的改进和创新？我们以为，开展家庭互助不失为一种理想的模式。

第一，组建互助小组，构建家庭学习共同体。家庭互助小组是指利用周末和节假日等课余时间，针对孩子的发展问题和家长教育需求，由家长和教师、社区人员共同策划和组织的，利用家庭、学校和社区资源进行，每班组建多个家庭互助小组。互助小组是一种既对儿童有教育作用，又对家长有帮助的，能促进家庭、学校、社区协同教育的新模式。每个互助小组就构成一个学习共同体，小组的成员经常在一起共同学习，分享各种学习资源，进行相互对话、交流和沟通，分享彼此的情感、体验和观念，共同完成一定的学习任务，通过共同活动形成相互影响、相互促进的人际联系，就会具有很强的认同感和归属感。

第二，开展"家庭游学"，激荡家长教育思维。现在的孩子大多是独生子女，他们的独立意识、合作意识和自理能力相对较弱，变换生活环境能增强学生对事物的兴趣，并能锻炼他们适应新环境的能力。家庭互助小组可以探索实施"交换空间，体验生活"家庭游学活动。通过家庭游学来改变学生的生活和学习状态，实现学生之间的互相教育和家长之间的互相学习、借鉴。这个活动可以借鉴俄国文艺理论家什克洛夫斯基的"陌生化"理论。所谓"陌生化"，实质在于不断更新我们对人生、事物和世界的陈旧感觉，把人们从狭隘的日常关系的束缚中解放出来，摆脱习以为常的惯性化的制约，从而感受到对象事物的非同一般。交换空间让学生参与到不同的生活环境中，感受不同家庭的文化和生活方式，通过学生间和家庭间的相互影响产生更好的教育效果。在陌生的情境中，不管是学生还是父母，都要重新学习怎样与对方相处，而每一个家庭在接受一个新成员时，也能实现家庭教育观念的改变。

第三，学校、家庭、社区三方联动，建立有效的保障机制。构建家庭互助小组，形成真正意义上的学习共同体，还需建立有效的保障机制。可以考虑成立家庭互助小组建设领导小组，制定出科学的合作构建家庭互助小组的计划，并邀请家长、社区内街道居委会和学校三方参与，使得家、校协同教育有计划、有步骤地进行。中小学还可以为家庭互助小组无偿提供场地、帮助联系社区资源等支持性工作。另外，为了提高教师尤其是班主任参与家庭互助小组活动的积极性，学校还可以出台一些鼓励政策，让教师有更多时间和意愿参与，对家庭互助提供指导。学校也要积极与社会机构合作，引进社会资源为家庭互助小组提供有针对性的家庭教育服务，如家庭教育专题培训、家庭教育咨询、家长沙龙专家顾问等，帮助家长树立正确的家教观，优化家长的教育能力，进一步提高家庭互助小组活动的实效性。

总之，通过家庭互助，扩展教育资源，可以实现"易子而教"，家长在子女教育问题上可以实现适度放手，避免因为强迫教育带来的亲子冲突，有助于和谐亲子关系，缓和焦虑情绪，调解家庭氛围。目前看来，家庭互助合作有助于创造一种新型的家庭教育模式，充分发挥家长、学校、社区等各方力量的作用，增进家庭教育合力，缓解家长的教育焦虑，促进城市家庭教育的优化。

第六章　自我实现的学习

人通常具备巨大的发展潜力，但是绝大多数人不能实现自己的潜能，其根本原因在于没有实现自我。所谓人的自我实现是指人通过实践活动，自觉培养自身的个性，发展自身的能力，顺应社会的需要，以不断实现其人生价值和理想的过程。① 自我实现的学习即是学生通过学习活动充分发挥个人身心潜能，实现个人理想和学业抱负。若学生的自我实现得不到重视和肯定，则会对学生的心理健康产生不利影响，影响学生的日常学习生活，妨碍学生的长远发展。

本章的主要意义在于简要说明基于人本主义学习理论的自我实现学习，并从维护学生的尊严、走班制和课堂管理等三方面探求学生自我实现的路径。在内容方面，包括人本主义学习理论、维护学生的尊严、实施走班制、优化课堂管理等单元。本章希望通过解说"自我实现学习的理论与策略"的相关内容，呼吁教师在教学与学习过程中重视学生的自我实现，维护学生的学习尊严，提高学生的学习热情。

---

① 马捷莎:《论人的自我实现》,《黑龙江社会科学》2007 年第 1 期，第 51~54 页。

一、人本主义学习理论

自我实现学习的理论基础是人本主义学习理论。人本主义是以人为本，研究整体人的本性、经验与价值的心理学，也就是研究人的本性、潜能、经验、价值、意向性、创造力、自我选择和自我实现的科学。[①] 在教育维度，人本主义学习理论认为应该重视个体的独特性与差异性，胜于发掘解释人类反应的一般化原理，以人类本身的情感发展如自我概念、自我价值、自我实现为主的教育论点。人本主义的教育主张，简要说明如下：

（一）学生是教育活动的中心

罗杰斯（CarlR.Rogers）创立了"以学生为中心"的教育教学理论。教师的任务不是教学生学习，也不是教学生如何学习，而是为学生提供各种学习的资源，提供一种促进学习的氛围，让学生自己决定如何学习。为此，罗杰斯对传统教育进行了猛烈的批判。在传统教育中，教师是知识的拥有者，而学生只是被动的接受者；教师可以通过讲演、考试甚至嘲弄等方式来支配学生的学习，而学生则无所适从；教师是权力的拥有者，而学生只是服从者。从教育政治的角度来看，这是一种"壶与杯"的教育理论。教师（壶）拥有理智的、事实性的知识，学生（杯）是消极的容器，知识可以灌入其中。因此，罗杰斯主张废除"教师"这一角色，代之以"学习的促进者"。学生自身具有学习的潜能，促进者只需为他们设置良好的学习环境，提供各种学习资源，使他们知道如何学习，他们就能学到所需要的一切。

罗杰斯认为，促进学生学习的关键不在于教师的教学技巧、专业知识、

---

① 陈琦、刘儒德：《当代教育心理学（第 2 版）》，北京师范大学出版社 2007 年版，第 209 页。

课程计划、视听辅导材料、演示和讲解、丰富的书籍等，而在于特定的心理气氛因素。这些因素存在于"促进者"与"学习者"的人际关系之中。这种促进学习的心理气氛因素包括：真诚一致；无条件的积极关注；同理心。在这样一种心理气氛下进行的学习，是以学生为中心的，"教师"只是学习的促进者、协作者或者说伙伴、朋友，学生才是学习的关键，学习的过程就是学习的目的之所在。[①] 因此，学生在教育活动中应受到特别的尊重。教育情境的安排，应以学生的个别发展和身心成长为重心。教材的选择与教法的运用，均须力求配合学生的能力、经验、兴趣与需要，以促进学生完整人格的健全发展。

（二）学习是学生知觉改变的历程

罗杰斯提出了"有意义的自由观"。所谓有意义学习（Significant Learning）不仅仅是一种增长知识的学习，还是一种与每个人各部分经验都融合在一起的学习，是一种使个体的行为、态度、个性以及在未来选择行动方针时发生重大变化的学习。对于有意义学习，罗杰斯认为主要具有四个要素：第一，学习具有个人参与的性质，即整个人（包括情感和认知两方面）都投入学习活动；第二，学习是自发的，即使推动力或刺激来自外界时，要求发现、获得、掌握和领会的感觉仍然是来自内部的；第三，全面发展，也就是说它会使学生的行为、态度、人格等获得全面发展；第四，学习是由学生自我评价产生的，因为学生最清楚这种学习是否满足自己的需要，是否有助于导致他想要知道的东西，是否明了自己原来不甚清楚的某些方面。[②]

因此，罗杰斯所倡导的学习原则之核心就是让学生自由学习。他认为，

---

① 陈琦、刘儒德：《当代教育心理学（第 2 版）》，北京师范大学出版社 2007 年版，第 206~207 页。

② 陈琦、刘儒德：《当代教育心理学（第 2 版）》，北京师范大学出版社 2007 年版，第 206~207 页。

只要教师信任学生，信任学生的学习潜能，并愿意让学生自由学习，就会在与学生的交往中形成适应自己风格的、促进学习的最佳方法。[①]那么，教育活动的实施，应该以学生目前的知觉为出发点。教师针对学生的自我概念情形，教导学生以积极的态度和实用的方法达到建设性的改变。当教师不知道如何进行教学活动时，最理想的方式是"反问学生学习想法"，透过师生的双向教与学来修正目前与未来的教学活动。

（三）以学生自我发展为行为的动机

人本主义心理学家认为人的成长源于个体自我实现的需要。自我实现的需要是人格形成发展、扩充成熟的驱力。所谓自我实现的需要，马斯洛（A. Maslow）认为就是"人对于自我发挥和完善的欲望，也就是一种使他的潜力得以实现的倾向"。通俗地说，自我实现的需要就是"一个人能够成为什么，他就必须成为什么，他必须忠于自己的本性"。正是由于人有自我实现的需要，才使得有机体的潜能得以实现、保持和增强。人的潜能是自我实现的，而不是教育的作用使然。因此，在环境与教育的作用问题上，人本主义心理学家认为"文化、环境、教育只是阳光、食物和水，但不是种子"。自我潜能才是人性的种子。教育的作用只在于提供一个安全、自由、充满人情味的心理环境，使人类固有的优异潜能自动地得以实现。[②]

另外，马斯洛认为，外在学习（External Learning）是单纯依赖强化和条件作用的学习。其着眼点在于灌输而不在于理解，属于一种被动的、机械的、传统教育的模式。理想学校应反对外在学习，倡导内在学习。所谓内在学习（Internal Learning），就是依靠学生内在驱动充分开发潜能，达到自我实现的学习。这是一种自觉的、主动的、创造性的学习模式。这种内

---

① 陈琦、刘儒德：《当代教育心理学（第2版）》，北京师范大学出版社2007年版，第206~207页。

② 陈琦、刘儒德：《当代教育心理学（第2版）》，北京师范大学出版社2007年版，第203~204页。

在教育的模式会促使学生自发学习，打破各种束缚人发展的清规戒律，自由地学他想学的任何课程，充分发挥想象力和创造力。[①] 因此，教师在教育过程中，应该熟悉学生自我发展的倾向，引导学生自动自发追求个人的进步；在教学实施中，应该考虑学生个别差异的现象，给予学生适当的发展机会，促使学生在教学中得到自我实现和学业成功。

二、维护学生的尊严

马斯洛于 1943 年提出了需求层次理论。他将人的需求从低到高依次分为生理需求、安全需求、社交需求、尊重需求和自我实现需求五种需求。这些需求都是按照先后顺序出现的，当一个人满足了较低的需求之后，才能出现较高级的需求。那么，教师若想让学生达到自我实现的学习，就必须满足学生的尊重需求。因此，教师在实际教学活动中应该注意时刻维护学生的尊严。尊严之于教育而言，绝不是可有可无的，而是基础性、根本性的需要，是学生的生存之本、发展之基和成长之需。

（一）维护学生尊严的意义

1. 维护尊严是学生自信增强的生存之本

人的尊严感伴随着人类的产生而产生。尊严是一个健全的人得以生存的最基本前提，是人之所以为人的标志。凡是具有正常心理状态的人都希望自己在社会上能够得到别人的肯定或尊重，在行为能力和精神品格上都具有尊严。尊重需要得到满足，能使人对自己充满信心，对社会充满热情，体验到自己活着的用处和价值。每一个学生都希望个人的价值和身份能得

---

① 陈琦、刘儒德：《当代教育心理学（第 2 版）》，北京师范大学出版社 2007 年版，第204 页。

到他人的承认和尊重。学生处于学校生活中，只有得到一定的认可和尊重，才能获得更多机会和条件，保障其发展的空间。正如马斯洛所说："只有个体在人格上被尊重、在身份上得到认可，个体才可以自由地实现价值判断与行动选择，他才能做出源于个人理性的生活决定。"[①]可以说，学生得到外界的尊重，他就会学会自我尊重，因为外在的尊重能强化自信情感，使人觉得自己在这个世界上有价值、有力量、有能力、有位置、有用处和必不可少。

2. 享有尊严是学生人格健康的发展之基

当今社会正在走向文明进步，人们的权利意识和自由诉求日益高涨，尊严已经成为现代人的重要精神追求。确立一种正确的自尊状态对个体人格成长与生命的展开有着重要的意义。正如英国哲学家培根指出的，"一个人的自尊自重是克服万恶的首要条件，而且它的重要性仅次于宗教。"[②]学校管理的实践也证明，学生在学校生活中的成长，离开教师和同学的信任、理解和尊重，其人格往往就会出现诸多问题。鲁迅在其笔下曾形象地描述了中国传统社会中的"奴隶人格"——自卑、自贱，唯独没有自尊。缺乏自尊的人，没有个人主见，任由别人驱使，做事怯懦退缩、唯唯诺诺，做人丧失应有的原则和立场。如果学校生活中学生长期处于尊严缺失的状态，不可能真正成为自己的主人，也不可能积极主动地参与班级管理，成为班级的主人，日后也不可能成长为具有健全人格和独立意识的现代公民。

3. 拥有尊严是学生自我实现的内在保障

在学校教育生活中，尊严是促进学生健康成长的元素，是学生人格完善、心理和谐和学业进取的重要基础。学生的尊严在价值序列上要高于知识、技能等具体目标，是更基础性和根本性的教育目标，它是实现学生自我成长、自我创造的重要保障。学校生活中，只有当学生得到充分尊重，在价值上得

---

① [美]马斯洛:《动机与人格》，许奎生译，华夏出版社 1987 年版，第 52 页。
② [英]培根:《新大西岛》，何新译，商务印书馆 1959 年版，第 25 页。

到认可，他才有可能产生较强的课堂自信和表现欲。课堂自信以及由此产生的表现欲是学生实现自我成长和自我发展的最大动力。自信心强的学生，具有较高的自我认同感和较强的自我效能感，能展现出积极、阳光的心态，散发出充沛的人性激情和生命活力，因而能够展现出较强的课堂活力，敢于大胆地展现自我，成为课堂教学的积极参与者。同时，由于积极参与课堂生活，获得更多展现和表达的机会，就可能更好地使自己的内在潜能得到最大程度的发挥，又反过来进一步增进自信和强化自尊，实现良性循环。如果学生在学校中感受不到一定的认可和尊重，就不能形成积极的自我价值观，其内心人性的激情就会受到极大压抑；在精神压抑和心理受迫的状态之下，学生就不可能积极自主地展现自己的个性，进行自主的表达和参与，其内在潜能就得不到应有的发挥，丧失成就感。久而久之，学生就会更进一步失去自由，逐渐沦为学校生活中的沉默者和边缘人。

（二）维护学生尊严的策略

美国著名心理学家马斯洛把"尊重的需要"列为人的五种基本需要之一。自尊心主要表现为获得信心、能力、本领、成就、独立和自由等方面的愿望。自尊心是儿童自我发展的重要动力，是激发孩子积极向上的内在力量。一个具有足够自尊心的人总是更有信心、更有能力，也更有效率。然而当他缺乏自尊时，很容易形成自卑、退缩、不合群等不良的性格特征。以下以听力障碍儿童自尊的培养为例，具体介绍自尊培养的方法。听力障碍儿童由于其心理缺陷，与一个正常的儿童相比较，难免会产生自卑和恐惧心理，其自尊心的形成和培养就显得更加重要。对他们而言，只有从培养自尊心做起，才能使之树立自信心，达到自强、自立的目的。

1. 尊重和爱

由于儿童有较强的自我封闭性，自尊心不容易被唤醒和激发。要想深入到他们的内心世界，唤醒自尊心，首要的是牢牢抓住感情这一纽带，通过感情的交流，增加对他们的理解、信任和支持，让他们感受到一种爱和尊重。儿童也是独立的个体，具有自己独立的人格与尊严，有自己的思想、自己的意愿、独立的行动能力。作为教师，首先要尊重他们，切忌把儿童看成是成人的附属品，忘记儿童独立的权利与尊严。因此，教师万万不能以主观的印象或偏见来对待他们，而是应当以完整的爱心，深入细致地去了解他们的内心世界，多些耐心和宽容，以真正的广博的爱去接纳他们的一切。当然，爱和尊重的前提是建立在了解的基础之上，教师应当注意观察和了解他们，把握幼儿内心真正的需要，及时发现和捕捉幼儿身上的闪光点，由衷的关心他们的内心需要。只有这样，我们才有可能逐步唤醒他们的自尊心。

2. 榜样引导

对于儿童而言，形象影响和榜样教育，是帮助其树立自尊心的有效方法之一。

（1）从教师自身做起，为他们树立榜样。教师的言谈举止就是学生的一面"镜子"。在这面"镜子"中可以反映出教师对学生言行的导向，也可以让学生从这面"镜子"中看到自己的言行是否符合规范。儿童的心理是非常敏感的，这就为教师的语言提出了更高的要求。其中，在对儿童的教育中，最忌讳的就是教师的言行让学生感觉到一种轻蔑、讽刺和嘲笑。

（2）用英模事迹和名人故事培养他们的自尊心。针对儿童的特点，可以采取开主题班会等形式给他们讲述英模名人事迹。如讲美国海伦·凯勒的故事。要让他们知道，虽然集聋哑、失明和瘫痪于一身，但海伦·凯勒却以常人难以想象的毅力顽强学习而成为有名的作家。在讲述故事的过程中，帮助他们认识到，海伦·凯勒能做到的，他们也一定能做到，从而激发其自强不息、积极向上的精神。

3. 体验成功

成功的体验对个体具有良好的后效作用成功的教育就在于让每个学生都

能真正地享受到成功的体验。对于听力有缺陷的儿童而言，能体验和感受成功将会促进其人格的健康发展。听力障碍儿童如果难以体验到成功所带来的喜悦、兴奋，他们则可能会完全否定自己而自暴自弃，或以一种负向自尊心即逆反来维护其自尊水平。因此，给儿童创造成功的机会，是寻找他们潜在优势和激励他们不断进步，提高其自尊感的有效方法。具体来说，必须做到以下两点：

第一，要充分肯定其进步之处，及时表扬优点。在教育中，教师要注意及时抓住他们追求进步的心理契机，挖掘其身上的"闪光点"，给予及时恰当的表扬和鼓励，从而增强其自信心、自尊感，形成良好的自我概念。

第二，鼓励其参加各种活动，促其成功。幼儿的自尊感，往往是在各项活动中形成的。我们教师要善于满足儿童参与的需要，积极鼓励他们参加适宜的游戏活动，给其提供各种表现能力的机会与条件，促使其在活动中展示自身的价值，感受自身的成就。他们一旦能在具体的活动中取得好的成绩，体验到自身的价值，品尝到成功的滋味，就能帮助他们形成较强的自尊心。

总之，要培养儿童的自尊心，就必须善于抓住契机，采取灵活多变的方法，促使其自尊心早日形成。

三、实施走班制

"走班制"作为一种新的教学组织形式，开始成为很多学校教学改革的新潮流。"走班制"也就是"选课走班"，它是在力图改变学校对学生课程学习的统一安排、克服传统班级授课制弊端的基础上发展起来的。在"走班制"模式下，教学不再以固定的班级为单位，而是以"个人"为单位。"走班制"尊重学生的自主选择权，满足了学生个性发展的需要，可以最大程度地唤醒学生的尊严，促进学生的成长和发展。

（一）走班制的意义

"走班制"是对传统班级授课制的改造和优化，它充分尊重学生的自主选择权，最大程度地促进学生的个性发展，提升学生的自信心和成就感，使学习过程成为学生自主发展的过程。①

1."走班制"较好地体现了学生的学习自主权

传统固定的班级授课模式实行"一班一表"，面向所有学生统一授课，学生按照统一的进度学习同样的内容，学习是被老师主导的，老师教得好坏，学生都必须接受，没有拒绝和选择的余地，学生的学习自主权受到很大限制。"走班制"下，学生可以选择自己喜欢的课程，学生的课程表由原来的"一班一表"变为"一生一表"，学生主动到不同的教室，去上由自己选定的课程，充分尊重了学生的选择权，体现了每个学生对学习的主动选择和自主安排。

"走班制"尊重了学生的自主权，赋予了每个学生更充分的学习自由，也就为每个学生的课堂发展创造了更大的空间。可以想象，学生得到了充分的鼓励、赏识和尊重，他的内心就会变得从容、淡定和开放，他就会听从自己内心的召唤，从而按照自己的意愿开展独立思考和做出判断，并最终为自己的发展负起责任。

2."走班制"有利于增强学生的自信心和成就感

"走班制"的教学组织形式下，课程和教师是学生依据自己的意愿自主选择的，而不是由学校预定的，这会对学生的学习心理和学习态度产生积极的影响。在自主选择的课堂上，学生往往能产生比较高的学习兴趣，激发更强的学习意愿，更乐于投入学习的热情，更容易获得学业的成就感和强化自信心。

---

① 郭华：《选课走班制：从"班"到"个人"》，《中国教育报》，2014 年 5 月 21 日。

另外"走班制"不仅转移了学生上课的地点，而且扩大了学生交往的范围，有助于学生在不断拓展的交往中增进社会能力，增强人际交往中的自信。不可否认，传统的班级授课制条件下，学生交往的范围面比较窄，交往对象也是比较固定的，这不利于学生社会交往能力的发展。"走班制"下，学生要游走于不同的教室，结识和交往更多的同伴，能逐渐学会与不同个性特点的同伴交往，这有助于学生获得良好的交往技能，克服人际交往的障碍，提升人际适应能力，增进学生在社会交往中的自信心。

3."走班制"最大程度地促进学生个性的发展

个性之于人的重要性在近代以来就不断引起人们的重视。英国哲学家斯宾塞（Herbert Spencer）曾深刻地指出，个性是一个人的最大需要和最大保障，教育的目的就是要培养人的个性。在社会学家弗洛姆（Erich Fromm）看来，没有形成独立个性的人是不完善的，人一生的任务恰恰就是要实现自己的个性。彰显学生的个性，促进学生的个性发展，这是现代教育的重要价值追求，也是当前世界各国教育改革的重要趋向。

在学校教育体系下，学生的个性发展最终是通过课程的实施来实现的，课程体系的丰富性、多样性是实现学生个性发展的最终保障。"走班制"的实施通常是与"选课制"同时展开的，学生可以根据自己的兴趣、特点和实际情况来选择适合自己的课程。青少年时期是人的个性形成并发展的关键期和决定阶段，学生通过对课程的选择，培养自己的兴趣，彰显自己的特长，对学生将来个性等方面的塑造将会产生积极的影响。西方国家在"选课走班制"方面有比较成熟的经验，在培养学生个性方面取得了比较显著的成就。如美国高中学校中，为了让学生的特长和潜力得到充分发展，允许成绩优秀、学有余力的学生选择高级的荣誉课程；相反，学校对学业成绩较落后、学习吃力的学生也制定了专门的课程计划对他们进行帮助。[①] 这

---

① 杨琴：《美国普通高中"走班制"教学模式研究》，重庆师范大学硕士论文，2013 年，第 33 页。

种基于学生的学习基础和特点的"选课走班制",尊重了学生的个体差异,是对学生个性发展的切实尊重,也是当前我国中小学在进行"走班制"探索过程中值得学习和借鉴的。

(二)实施"走班制"的策略

"走班制"是促进学生个性发展和提升学生尊严的重要途径,是推进学校教育更加人性化的重要举措。当下的教育改革中,如何更好地开展"走班制"教学,促进学生的内在成长与发展,这需要我们不断地实践与探索。

1.丰富学校的课程体系

"走班制"的实施是以学校课程的多样化和丰富性为前提的。学校只有提供丰富多样的课程,学生才有选择的空间,才能寻找到适合自己的课程。当前,很多中小学已经把学校课程体系建设作为深化课程改革的重要举措,尤其是把校本课程建设作为体现学校特色的重要手段,这为"走班制"的有效开展提供了重要的条件。当然,对学生而言,适合的课程才是最重要的。为满足不同学生选择的机会,校本课程开设的数量要丰富,覆盖范围要全面,既有能开阔学生知识与视野的拓展性课程,也有能增强学生学术和探究能力的研究型课程;既有能开发和培育学生某方面特长的素质教育课程,也有能锻炼学生实践能力的活动类课程。做到这一点,学生就可以在多个适合自己发展需要、兴趣取向、难度水平、步调步幅的课程中进行选择,走班才能真正"走起来"。[1]

当然,由于学生的学习精力和时间是有限的,无论学校有多少课程,学生能够修习的门数大致是确定的。因此,学校在进行课程建设时,不应只追求数量,而更应该强调质量,提供精品的课程;而且课程的多样化并不意味着课程的平面化、单一化,应该体现课程的立体化、层次性,即使是同类的课程也应该有不同的层级和难度。

---

[1] 郭华:《选课走班制:从"班"到"个人"》,《中国教育报》,2014年5月21日。

2. 给学生提供有效的选课指导

课程体系的多样化是"走班制"有效开展的前提，但学生科学、合理的选课则是"走班制"实施的重要保证。如果学生所选课程是不合适或不喜欢的，势必影响学生课程学习的兴趣和学习的效果，"走班制"也就失去了真正的价值和意义。要避免学生选课的随意性、盲目性，就需要加强指导，以帮助学生选定适合自己发展的课程。因此，对学校而言，给学生配备选课指导教师和开展选课辅导是必要的。选课指导教师应该对每一位学生有较充分的了解，能较好地与学生开展沟通，让学生对所学课程有所了解，给学生当好选课的"参谋"。此外，学校也必须建立一套比较完善、系统的学生选课指南，对课程的目标、内容、体系、授课方式等有详细介绍，让学生和家长获得更全面、透明的课程信息，以利于学生的选课。当然，学校在课程和教学管理中也不能过于机械、呆板，要有一定的弹性和灵活性，应该给学生设置一段时间的课程适应期（1-2 周），让学生体验和尝试，同时还应建立适当的程序，允许学生换课或退课。

3. 加快教学配套体系的改革

首先，要推进学校管理的改革。实施"走班制"后，学校课程类型和数量增加了，课程设置趋向复杂，这对课程管理和教学管理也提出了更高的要求。对此，学校必须加强课程规划，增强对课程资源的管理，建立一套有效的选课系统和课程评价系统。在教学管理上，学校也要进行大胆的探索和革新，对教师的配置、教室与教学设备的利用、学业评价等进行优化，形成切实可行、实施有效的教学管理体系。

其次，要加快小班化教学的改革。"走班制"的实施，是为了更好地提升课堂教学质量，促进学生个性发展，这就必然要求改变过去大班额的教学现状。当前基础教育尤其是城镇中小学中，超过 50 人以上的大班普遍存在，甚至超过 70 人以上的超大班额也并不罕见。毫无疑问，大班额教学在很大程度上钳制了教师的教学方式变革，制约了课堂教学质量的提高，阻碍了学生在课堂上生动活泼的发展。进行小班化教学的改革已经势在必行，这是有效推进"走班制"顺利实施的重要前提，也是当前基础教育改革亟需突破的一个重要瓶颈。[①]

四、优化课堂管理

课堂是教学活动的基本场所。为了实现一定的教学目标，完成相应的教学任务，就需要保证良好的课堂秩序，而良好的课堂秩序又必须通过教师加强对课堂的管理和调控来保障和实现。教师加强课堂管理的过程，实际上也就是通过采用一定的管理措施，维持一定的课堂纪律，保证教学顺利进行的过程。然而现实中，不少教师在强化各种管理方式和课堂纪律时，往往遗忘了课堂管理的本来目的，不顾学生的自我实现，一味讲求"秩序至上"。因此，为了加强学生的自我实现学习，教师有必要站在"人格主义"的立场上开展"课堂管理"。

（一）转变教师认识方式和行为方式

课堂教学中需要改变的不是"现象"本身，而是我们的观念、态度，需要改变导致这些现象产生的认识方式和行为方式。我们的观念、态度一旦转变，新的行为一旦形成，旧的问题自然也就会消失。正如有学者所说的，只要我们改变我们的认知意向，调整我们的行为方式，原来的问题和现象就会消失，呈现在我们眼前的将是另一种不同的"现象"。[②]

在课堂教学中，当我们把认识的视角转向自身，对自己的认识方式进行反思和批判，往往就会产生自我改善的要求。如果我们积极改进课堂教学

---

① 郭方玲:《"走班制"：让课堂教学唤醒学生的尊严》,《当代教育科学》2015年第21期，第22~24页。

② 孙隆基:《中国文化的深层结构》，广西师范大学出版社2004年版，第2页。

方式，综合运用多种教学方法，努力提升自身的教学艺术，积极调动学生积极性、主动性的时候，原来一味抱怨的学生"不认真听课""开小差""交头接耳"等现象，就会随着新的教学方式的运用减少或消失。正如帕尔默所说："我们需要一种新的对学生内部状态的诊断：多设身处地理解他们的需要，少推卸我们对学生困境的责任，这样更有可能形成创造性的教学模式。"①

（二）改革教师评价机制

现实中，也有一些教师对自身在课堂教学中的"管理主义"倾向有一定的认识和警惕，并试图做出相应的调整和纠正，但教师个体的自发努力往往很难得到相应学校制度的关照和庇护。当前，教师评价机制的改革迫在眉睫。我们认为，要想彻底消除课堂教学中的"管理主义"倾向，需要以下几点改革。

首先，降低教学成绩在教师考核中的比重。要通过教师各种能力素质展示，突出对教师教学创新能力、教学机智、教学方法、专业素养、研究能力、基本素质、教育能力的考核，确保教师评价内容的多元化。

其次，让学生参与教师评价。这是以学生为本，以学生为主体的体现之一。学校应该探索、建立完善的学生评价机制，让学生对教师修养、教学艺术、教学智慧等进行评价，作为教师评价的一个有机组成部分。

再次，对教师的考核评价应尽量避免与物质激励相联，更应避免与工资挂钩。

（三）推行"小班化教学"

所谓"小班化教学"，主要是指以促进青少年学生的素质提高和全面发展为目的，在减小班级学生规模的基础上，通过"包括教学实施过程中的

---

① ［美］帕克·帕尔默：《教学勇气——漫步教师心灵》，吴国珍译，华东师范大学出版社 2005 年版，第 44 页。

时间和空间情景、教学内容、教学方法、教育技术、师生交往、教学组织形式、教学策略和教学模式等，也包括教学设计和教学评估的环节的改革，而形成的一种班级教学活动形式"。[1]

　　小班化教学的班级规模通常在 24 至 32 人之间。由于人数的减少，师生交往的频率加大，交往机会增多，从而会大大提高每个学生接受教育的充分程度，师生之间更加了解，感情更加密切。当然，有必要说明的是，小班化教育绝不仅仅是人数的减少，更是一种教学理念的更新，是要求在方法、组织、师生关系等方面进行全方位的变化。首先，教学空间格局的变化。要改变过去课堂中单一的"秧田式"的课堂空间排列结构，而采取更多的形式，包括圆桌式、马鞍型、品字型、周边型等等，以利于师生之间和同学之间的交流。其次，要重视和强调师生之间和学生之间的交往。互动性是小班化教学的最大优势所在，它力求打破传统的由教师单一"授受式"教学的模式，使教学成为一种教师和学生双向交往的活动。在小班化教学模式下，可以通过小组合作的形式，使每个学生都能够参与教学活动，主动探索，学习合作，参与集体竞争，并学习相互评价。

　　可见，在小班化教学模式下，教师将不再需要"绞尽脑汁"去加强课堂管理，不再会想方设法去强化课堂纪律和控制学生，而会用更多时间和精力去鼓励和引导学生参与课堂，让学生成为课堂的主人，维护学生的尊严，使学生的主体性和自主性能够得到充分的发挥，创造和谐的课堂气氛。[2]

---

[1]　金辉：《上海市小学实施"小班教育"的对策研究》，《上海高教研究》1998 年第 3 期。

[2]　吉标、郭方玲：《课堂教学中的""管理主义倾向思考》，《课程教学研究》2012 年第 1 期，第 30~32 页。

第七章　深度学习

　　随着知识经济、终身教育、优质教育等理念的兴起，深度学习的研究逐渐进入教育学的视野。深度学习倡导学习者应根据自己的个性特点与已有知识结构，结合自身现实需求与兴趣爱好，在理解的基础上运用多元化的学习方法与策略来深度掌握学习内容的内在含义、理解复杂概念、加工知识信息。通过学生主动建构新知识的联系，解决现实问题来促进学生高阶思维的发展。如何在把握深度学习理念的基础上，开展面向深度学习的有效教学实践，探索出更加丰富有效的深度学习教学策略，正成为当前深度学习研究的重要内容。

　　本章的主要内容，立足于深度学习的理论与策略，探讨学生学习中的知识定位与应用，通过实际的教学案例，提供教师适用的教学策略。内容包括知识活用与活用知识、运用绘本获得生活经验、做笔记的策略与方法、考试准备的学习策略、情绪管理的策略、阅读学习的策略等单元。希望教师在阅读本章之后，激发丰富的教学火花，让学生秉持着"求知若渴"的情怀，积极投入班级教学与学习中。

一、知识活用与活用知识

学生在学校接受教育的主要功能，在于知识的增长与知识的应用。通过教育活动的实施，学生可以达到生理成熟、心理健全、社会成长等教育目的。学生在学校生活中，究竟应该学会哪些知识（或能力）？关于这一问题，教育研究者花了相当多的时间精力去寻找答案。因此，本节试图阐释对该问题的看法和见解，以期作为课程教学改革的参考。

（一）未来 10 年的课程改革研究

勃利奇（Borich）提出了关于未来 10 年的课程改革相关建议。具体内容如下：第一，学生要能在未来科技世界中生活和运作；第二，学生必须具备基本的阅读、写作和数学运算能力；第三，学生必须具有高层次思考、概念性以及解决问题的技能；第四，学生在自己的能力范围之内，必须修完每学年中学校要求的学分课程；第五，学生必须接受训练，能独立且在没有旁人直接监督的情况下完成作业；第六，学生要能积极参与学校学习生活，并投入一定量的时间和精力；第七，学生必须采用高层次思考技能来解决问题。

基于勃利奇的思想，学校教育应该将上述对学生未来学习的要求目标，转化成为学校课程与教学实施的策略。同时，教师也应该了解掌握这些目标，并在班级教学中运用各种方法与策略，教导学生达成上述要求。

（二）握在手中的知识

教师通过课程知识的讲解，传授给学生的多半是属于"握在手中的知识"（theory on hand）。这些握在手中的知识必须和生活经验、社会事件进行有效的结合，才能转化成为生活能力、生活经验。倘若教给学生的知识不能在生活中应用，就会成为记忆的知识，不被学习者真正理解使用。例如：如果教师在教导学生学习三餐的营养比例以及热量卡数等内容时，只强调学生背诵记忆该部分的知识，学生就无法将授课内容与自身的生活经验相联系，不能转化教师教授的"握在手中的知识"。这样一来，知识不能真正为自身所服务、为生活所应用。

（三）使用中的知识

运用于生活，并可以和生活事件相结合的知识，称之为"使用中的知识"（theory in use）。这些知识是从"握在手中的知识"衍生而来，学生应用所学理论知识来解决问题，将记忆性的知识转化成为可以应用于实际的知识类型。在上述例子中，如果教师教导学生分析三餐食物的营养比例以及热量卡数时，还要求学生回到家中亲自测量所食三餐的热量等数据，并且试图规划出一个营养健康的三餐食谱来改变家里不健康的饮食习惯。这时，学生就能在实际中亲身运用理论知识，将"握在手中的知识"转化成为"使用中的知识"。

（四）知识活用与活用知识的教学策略

学校教育的重点在于知识的养成。通过教师的教学活动，将学生所需具备的知识传授给所有的学生。教师教学活动的实施，不能仅重视知识的传授，还需要考虑各种基本能力的培养。在知识的养成与应用方面，教师宜思考如何将"握在手中的知识"（或记忆性的知识）转化成"使用中的知识"，引导学生从"知识活用"的理想迈向"活用知识"的实践。

优质的教学应该是将各种不同类型的知识快速转化成为"有用的知识"。因此，教师在知识活用与活用知识的教学中，应该了解该单元的教学目标内容，思考如何将教学内容转化成为学生的基本能力，进而分析"握在手中的知识"如何转化成为"使用中的知识",引导学生在学习中随时做到知识的转化,进而培养随时"转化知识"的能力。具体来说,为了促进学生"活用知识",教师应该参考以下教学策略:在学科教学中要常常举实际的例子作为说明;在教授学生知识的过程中,将抽象的概念(或知识)具体化,或是和生活经验相联系;在学科单元教学或者每一概念知识的教学结束后,要求学生举实际的案例来说明所学内容;基于教科书中的知识进行"生活案例教学"。

二、运用绘本获得生活经验

绘本教学的应用,起源于传统教育中教师利用图画书给学生们讲故事。绘本应用在教学活动中,可以提供给学生真实的案例经验,比一般教科书教学的效果好得多。教师在实际教学时,可以通过绘本的方式,将想要让学生了解的各种社会事件、生活经验等知识传达并分享(先进行故事分享,再传达知识)给学生。

(一)绘本教学的内涵

"绘本"这个词,不是我们中国原创的词汇,它来源于日本。在 20 世纪 50 年代,日本的松居一直被认为是"绘本"一词的创始人。20 世纪 60 年代后期,"绘本"一词进入我国台湾。从本质上说,绘本就是我们以前一直说的图画书。顾名思义,绘本指的是文字与图画相辅相成的图画故事书,用图画与文字来共同叙述一个完整的故事,图文并茂。[①] 说得抽象一点,它是透过图画与文字这两种媒介在两个不同的层面上交织、互动来讲述故事

---

① 肖燕萍:《真爱教研》,上海教育出版社 2017 年版,第 288 页。

的一门艺术。① 不过，随着种类的不断丰富，目前市场上的有些绘本甚至一个字也没有，只用图画来讲故事。②

绘本教学，即以绘本为教材所实施的教学。教师在进行绘本教学活动时，首先考虑孩子的需求，基于实际情况为他们选择适合的主题绘本，设计合适的教学环节来发挥绘本的多种功能，如：增进认知语言学习、提供生活经验、强化社会适应能力、增加阅读乐趣等。目前，绘本已成为教育重要的课程资源之一。利用绘本开展语言领域和其他领域的教学活动已经成为教学设计中的一种"潮流"。绘本教学的价值不仅仅是让幼儿获得语言能力的发展，还要通过绘本教学，促进幼儿多元智能的发展以及个性发展、差异发展。绘本教学的实践观强调教师学会运用多元视角分析绘本，依据绘本中提供的各种素材，设计多彩的绘本教学活动，彰显绘本教学的多彩魅力。③

（二）绘本教学的意义

绘本是具有广泛题材及多元教育价值的阅读书籍，是跨学科统整最适合的媒介。教师可依据不同的教学目标、学生需求而寻找适合的绘本进行教学的运用或呈现，一般而言，绘本教学多使用在语文领域，不常用于数学和科学领域。绘本除了能提供给孩子丰富的知识内涵，其图像还能刺激孩子思考，帮助孩子理解故事、感知启示。因此，绘本教学具有重要的价值意义。

首先，绘本符合孩子的思维特点，更能激发学生的阅读兴趣。作为教师首先要考虑的是怎样培养学生的阅读兴趣与习惯。图画语言比文字符号更加直观，更加符合儿童形象性思维的特点，更能激发幼儿的阅读兴趣。第二，绘本画面精美，富有内涵，能给孩子艺术审美的熏陶。目前优秀的绘本多数是世界上知名插画家的作品，不仅绘画精美，而且内涵丰富。绘本

---

① 杨进：《幼儿英语教育与活动设计》，武汉大学出版社 2016 年版，第 83 页。
② 肖燕萍：《真爱教研》，上海教育出版社 2017 年版，第 288 页。
③ 肖燕萍：《真爱教研》，上海教育出版社 2017 年版，第 292 页。

阅读使孩子的情感受到陶冶，艺术审美能力不断发展，而这种能力的提升是不能单凭文字阅读来获得的。第三，绘本能激活孩子的想象力，有利于孩子创造力的培养。绘本故事可以借助文字与画面，让学生横跨国界、穿越各种文化背景，进入不同的世界，使学生对故事情节展开丰富的联想，扩大学生的创造力和想象力。①

（三）绘本教学的实施方式

儿童文学研究学者罗西·怀特（Rosie White）说："绘本是孩子在人生道路上最初见到的书，是在漫长的读书生涯中读到的所有书中最最重要的书。一个孩子从绘本中体会到多少快乐，将决定他一生是否喜欢读书。儿童时代的感受，也将影响他长大以后的想象力。"② 因此，教师应该在教学中融入绘本教育。

学者们在不同学科领域中提出的绘本教学实施方式各有千秋。林敏宜认为教师可分三步走来开展绘本教学。首先，朗读前阶段，教师先呈现书本的封面，鼓励孩子感受封面上的插图，试着预测故事内容，再与孩子讨论作者及绘者，介绍主角、情境内容或主题。其次，朗读中阶段，教师鼓励孩子评论绘本，并请孩子对故事的发展进行预测。教师应当偶尔提问问题，了解孩子对故事的理解程度。当孩子出现疑惑、茫然表情时，教师应换个方式重新叙述故事。最后，朗读后阶段，学生们回忆故事内容，并结合自身的生活经验表达其感受与想法。教师搭配故事主题内容做相关的教学设计，进行活动延伸。方淑贞认为使用绘本引导孩子进行阅读、赏析、讨论，可以培养孩子在听说读写方面的语文能力与阅读兴趣。她将绘本教学的流程分为四步：第一，引起动机，即为暖身活动。教师通过解读书名、开展游戏活动、索引插图或布置情境等活动，引起学生的学习兴趣与意愿。第

---

① 杨进：《幼儿英语教育与活动设计》，武汉大学出版社 2016 年版，第 83 页。
② 杨进：《幼儿英语教育与活动设计》，武汉大学出版社 2016 年版，第 83 页。

二，朗读绘本。教师可采用下列五种方式进行朗读活动：先阅读书中文字，再欣赏插画；先欣赏书中插画，再阅读文字；图文一起搭配欣赏；以说故事方式开始，再转换成前三种阅读方式；以多媒体影音方式开始呈现故事内容，再转换成前三种阅读方式。第三，赏析活动。教师对绘本的内容及插画做初步的概览，引导学生欣赏解析，使学生对故事有一个整体的概览。第四，讨论活动。学生在师生讨论或小组讨论中对绘本做深度的理解和解读，并学会与他人分享知识和交往的社会技能。教师通过提问的方式，激发学生不同的想法，促进学生想象力和创造力的发挥。

（四）绘本教学的策略

随着国内信息教育融入教学、阅读计划的推展等，绘本教学逐渐受到学校教育人员的重视。好的绘本，其文字陈述必然是精炼的，图片表征拥有说故事的能力，且图片之间的脉络必须有迹可循，以使图文能相辅相成。也就是说，即使读者不看文字，也能明白故事的大体内容。优良的绘本应该具备下列的功能：启发孩子的想象力；满足孩子的创造力；增加学生的知识掌握量；让儿童学习反思自己以更了解自己；宣泄学生的情绪；表现学生的心情感受；引发学生与绘本的共鸣。

由于绘本的故事内容反映学生的生活，因此，它除了是知识的传递外，还是生活经验的拓展。学生在绘本阅读中了解自我情绪、促进心智发展。因此，绘本教育理应得到教师的青睐，并在教学中得以应用推广。教师在实施绘本教学时，可以参考以下策略：第一，要求学生一学期至少要读 20 本以上的教科书之外的专著；第二，在班级教学中建立"班级阅读奖励制度"；第三，将相关课外读本纳入教学计划中；第四，配合学科领域教学的实施，将各种绘本作为补充教材；第五，利用时间整理归纳适合学生阅读的绘本，并提供学生购买或借阅绘本的渠道；第六，筛选并选用 100 本"班级绘本"好书；第七，利用课余时间进行班级绘本教学；第八，请学生轮流介绍（或朗读）好的绘本教材。

三、做笔记的策略和方法

在学习过程中，学生做笔记的策略与方法是教师课堂上不会教给学生的课题之一。尽管教师在教学中一再要求学生，必须在教学中学会做笔记，但教师很少教学生如何做笔记。好的笔记功夫，可以提高学生的学习效果，帮助学生减少复习功课的时间。

（一）做笔记的策略

做笔记的策略，就是学习者在学习过程中对学习内容所做的标示、记录等。比如学生在课外阅读学习时，以符号、标志、批注等形式所做的书头笔记；在专门的笔记本、活页纸等上做的文本笔记；利用计算机、智能手机等现代信息化设备做的电子笔记。[①] 为了让学生合理组织所学的材料内容，我们有必要了解一下做笔记的策略。

1. 康奈尔笔记法

这个策略需要使用三栏笔记纸，开始时在中间栏按顺序做笔记（按顺序记下老师所说的内容）。随着课程的展开，孩子应该在左边栏记下关键概念以及"中心思想"。有时老师会直接说出关键概念的内容，但有时需要孩子认真听讲并自己归纳总结。孩子应该在右边栏简单记下自己的反思，例如将讲课内容与个人经历相联系的一两个词、对于讲课内容的情绪反应或针对讲课内容的问题。第一栏和第三栏可以在课堂上写，也可以在课下学生回顾一天所学内容的时候写。

---

① 田良辰、王聚元：《学习策略方法教学问题诊断与导引中小学信息技术》，东北师范大学出版社 2013 年版，第 30 页。

教师可以在需要做笔记的课堂上为学生做康奈尔笔记策略法应用的示范。孩子在确定关键概念或将讲课内容与个人经历相联系的过程中可能需要特别的帮助,教师可以通过提问对他们进行指导(例如,"你能想到你的生活中与这些内容相关的经历吗?""你对此的看法是什么——你同意还是不同意?")。如果老师给孩子提供的注释在幻灯片上,那么他们可以使用一些强调的方式以突出关键概念,并在空白处写下个人意见/问题。对某些孩子来说,这可能也需要进行示范。

2. 概念图描绘

概念图是一个视觉策略,它利用图表组织法将关键概念与细节联系起来。概念图以一个中心主题(例如,一天课程的主题)开始,然后增加主要的枝干,表示课程的主要分支。我们还可以增加细节阐述或说明分支,以扩展每个枝干的内容。

就孩子学习如何做笔记而言,概念图是一个较难的方法,但是如果孩子要利用图表组织法准备考试,那么用图形展示的方法会让课程内容的学习变得更容易。教孩子如何运用这种能力的最佳方法就是做示范。针对个体孩子来说,如果首先利用孩子课本(例如,社会科学或自然科学)中的某章内容教孩子使用概念图,然后再将这种方法应用到教学中,会让教学变得更容易。我们可以通过为孩子提供不完整的概念图并让他们完成概念图的填写,来培养他们使用概念图的能力(或者通过减少帮助来培养他们的能力)。①

(二)做笔记的方法

做笔记有助于学生将学习和思考结合起来,深入联想感悟,获得理解和解决问题的启示。有关做笔记的方法,不同的学者有不同的见解。

---

① [美]佩格·道森、理查德·奎尔:《让孩子做得更好——提高儿童和青少年的执行力》,朱万忠译,重庆大学出版社 2014 年版,第 108~109 页。

小林良彰（陈丽惠译，1998）指出，做笔记时，适合自己的方式才是最有助于记忆的方式；训练自己流利地说和写出与问题有关的东西；不会的问题查阅笔记；轻轻松松早一点做，不足之处再补即可；笔记内容分出重点内容和非重点内容。沙永玲指出，一方面，笔记本不应该只用于记课堂笔记，还应该用它搜集有关这门学科的各方面知识，进而完善课堂笔记，加上自己的见解评论、附录实例和其他证据。另一方面，笔记本应为某种形式的活页本，在课程结束时，把笔记集中起来，装订成册。

具体来说，做笔记时还应该注意以下几个方面：第一是笔记方式的选择。做笔记可用笔记本或活页纸，也可用卡片，这几种选择各有优劣。第二是应该分门别类。要准备几个笔记本，记录不同的内容。如哲学笔记、经济学笔记、历史学笔记等。另外，对摘抄的某段内容还要拟出和标上一个醒目的标题。一个笔记本记完以后，还应该在这个本子前面预先留下空白的几页上，按照所记内容的顺序，编出一个目录。第三是注明出处。抄录资料要完备，出处要详明，不可贪图简便。没有出处的资料，其准确性、真实性会大打折扣，以至丧失使用价值。第四是留下评议空间。一页笔记纸，不妨在其 1/3 处左右对折一下，该纸的 2/3 部分用于抄录，1/3 部分用于书写对抄录内容的随感。应该说，除了专门为积累知识而做的摘录以外，读书笔记的内容主要是对科学思想的最初表达，即对所摘内容，评是非之处，议得失之理，或赞成或反对，或发挥或批判。第五是笔记要复习。记下的笔记，每隔一段时间要拿出来复习一次。第六是把笔记中的思维成果写成论文或著作。打个比方来说，就是要把笔记中的点点火星，使之燃成一团火，照亮自己，也照亮别人。就写作过程而言，就是把笔记中的创造性思维成果，先写成片断，由片断而成整篇，再由多篇到专著。[①]

---

① 陶富源：《学术论文写作通鉴》，安徽大学出版社 2016 年版，第 287~288 页。

（三）做笔记的内容

课堂上老师提出的问题以及分析、解决问题的思路和方法，是笔记的基本内容。[①] 关于做笔记的内容，不同的学者提出了不同的看法。

黑川康正指出，笔记内容应该以课堂上老师的延伸讲解知识为主，以自己易于了解的形式书写，将课本内容所需要的部分做分类或是取其精髓。笔记本使用活页纸，填写时预留很多空白。笔记本用"色别法"分类，以节省检索时间。王维发现，有写笔记习惯的同学成绩比较好，但在写笔记的同学中，成绩亦有高下。这是由他们的笔记内容质量高低所决定的。因此，他指出在选笔记本时，应该使用最方便的本子，即活页本，纸张大小应选择像普通信纸样的大小，一方面容易携带，一方面篇幅适中，方便阅读；在做笔记时，不可埋头苦写、忽略上课的内容，择重点而记，纲要必须清楚明确，分类归点一目了然、排列整齐，词句简单，文字清楚明白。

太田文基于"怎样的笔记本才能对自己的学习有帮助"这一问题提出了笔记本内容的"七个法则"。第一，首字对齐。把单元名称等大标题写在最左端，接下来空一到三个字，写上小标题，再空一到三个字，写上内容的重点摘要。文章开头对齐是写漂亮笔记本的第一个技巧。第二，动手写的一定是重点内容，非重点内容复印即可。这是因为要考的科目太多，如果一个字一个字地写，时间绝对不够。因此，做笔记应该优先考虑效率，不需要自己动手写的内容只要复印、粘贴就好。第三，笔记清晰，不怕大量留白。留白的好处是让笔记赏心悦目，便于日后补充知识，把课程理解得更透彻。第四，制作笔记索引目录。在第一页制作目录或索引贴纸时，加上标题、相关内容的教科书和参考页码，从而提升复习检索效率。第五，笔记本段落分明。要设法将归纳或总结的知识点在一、两页之内解决。第六，记笔记之前先有规划。例如，英文笔记的内容排版应该是左页英文原

[①]　王松泉：《简明学习方法词典》，辽宁大学出版社 1992 年版，第 11 页。

文、单字和词组，右页是翻译、老师上课时的讲解。如此一来，我们就知道哪些是自己预习时写的内容，哪些是上课时写的新知识，哪些是复习追加的延伸知识。第七，笔记字迹清楚工整。教师在平时就应该有意识地引导学生做笔记"写得清楚工整"。

四、考试准备的学习策略

虽然学校教育一再强调各种形式的考试（或评量），只是为了协助教师了解学生在学习方面的成效，并且作为改进教学的依据。但是，"考试"对每一个学生而言，仍然是硬性评定自身学业成绩的标杆，是必须经历的过程。当教师要求学生拿到高分的同时，还应该思考将各种"考试策略"纳入教师的教学当中。通过考试策略的教学，引导学生了解完美应对考试的要领。

（一）考试前准备策略

考试是学习中最频繁发生的事情。一个人从小学到大学要经历的考试成百上千。但对大多数学生来说，考试还是令人畏惧的。其实，学生畏考心理的形成，很大原因在于其临考前没有做好充分准备。考前准备是取得优异成绩的重要环节，如果做好了充分的考前准备，学生便会减轻考试的心理负担。由此可见，考前的准备对学生的优异学业成绩的取得以及良好心理素质的培养都有重要意义。

关于考前的准备策略，学者们纷纷提出了自己的见解。

小林良彰指出，为了积极应对考试，我们应该保持健康的身体；考前几天，不要再做较难的题目而伤脑筋，若有不会的问题，立刻看解答，记住即可；尽量不动笔，用脑复习；提前一天熟悉考场；考试当天早点到；

考前利用时间将自己整理的笔记迅速看过；保持心情平静。罗恩·弗莱（Ron·Fry）指出，想要让学生不再害怕考试，形成考前压力，最好的方法就是尽量引导学生经常处于考试的环境中。多开展模拟考试练习会对改善学生的畏考心理有很大的帮助。具体而言，在考试前，考生应该鼓励自己，例如，告诉自己"我是最优秀的学生"；适度休息；以最快速度放松自己；随时戒备考试的开始；预先计划考试安排；知道考场时间、熟悉考试地点；把参考读物视为指定的阅读书籍；携带充足的笔、计算器等工具到考试现场；了解考试基本规定等。为了确保能在考试中取得不错的成绩，学生在考前准备复习的过程中还应该注意：数学应用题要反复练习十次以上；复习时要先从基础知识做起；在做题的同时，思考考试的出题方式；勿一味的刷题，而忽视知识的学习；仔细研读课本。

总之，为了有效应对考试，学生应该未雨绸缪，在平时学习中就应该努力学习课业知识；积极参与课堂讨论；认真倾听老师的讲解，找出课程的重点所在；书写条理分明、清晰可读的课堂笔记；将书中重要的公式、定理了解后，逐句记忆；拟定自己的日常作息表，并切实执行；放平心态，明白所有的考试都是在帮助你了解自己的学习效果。在考前出门时，我们应该注意饮食清淡的早餐，吃八分饱，不要喝太多水或饮料，检查考试用品是否带全。到了考场后，我们应该注意及时消除紧张，可以做深呼吸或者远望风景保持镇定，不要自己吓自己，也不要和别人比，对自己充满自信，相信自己。

（二）考试中准备策略

要想在考试中取得好的成绩，除了扎实地掌握并灵活运用所学习的知识外，找到一套适合自己的应对考试的策略和技巧是必需的。它将帮助我们在考试时发挥出最佳水平。[①] 因此，教师应该教给学生如何在进入考场后保持镇定平和的心境以及认真仔细的态度来对待考试。关于考试中的准备策略，学者们纷纷提出了自己的见解。

沙永玲提出了帮助学生轻松平和应对考试的十项技巧。第一，在考前一天保持清醒头脑，准备好需在考场上使用的文具，这比多温习一点点功课好得多；第二，进入考场后要仔细通读整张考卷；第三，进行粗略的时间安排，决定每道题应使用多长时间；第四，挑选认为有把握的题目做上记号，先完成不会错的容易题，而非难以回答的问题；第五，回答问题前，要非常认真地将它通读一遍，务求正确地理解这个题目；第六，在以短文为主要回答形式的考试中，应先列提纲，把要点写在提纲里；第七，回答需要紧扣问题的主线，不要牵涉那些不相干的内容；第八，切忌少答或漏答，宁可把前面的题目答上一半，然后再往下进行，也不要让某些题目空着不答。第九，保持字迹清楚而且书写流畅；第十，交卷前留出一点时间把考卷重看一遍。胡详开、晴雁从三个方面指出了应对考试的要点。第一，看题要诀方面：检查试卷；大处着眼、小处着手；单复选、选对错；看清题型与要求；先做有把握的题目；删去最不可能的答案；相似题多看几遍；注意试题的条件和附注。第二，答题技巧方面：挑好书写工具；计算过程写在规定处；会做的先写；掌握时间；小心考试出题圈套；从题目中找答案。第三，检查要领方面：在开始做题时，凡是遇到不会的题目或不确定的答案时，就在题前做记号；记得检查一遍，相信第一反应；该放弃的题目就放弃。此外，瑟马克（Cermak）还指出，试卷发下来之后，首先将试卷从头至尾阅读一遍，有把握的题目立刻解答，有问题的题目打一记号，先跳过，下笔前应将回答内容先在脑中加以考虑与编排，针对要点内容开展答题，不能偏题。其次，做完有把握的题目后，第二遍再来研究那些没

---

① 张晓剑、王啸、薛飞豹：《新教师专业成长》，中国海洋大学出版社 2016 年版，第 203 页。

有把握的问题；最后，若有剩余时间，检查试卷答题内容，修正错误之处。

（三）考试后的策略

考完后，轻易不要跟同学谈论有关准确答案的事情，也不要刻意地对答案，以免影响情绪，波及下一科考试。正确的做法应该是尽快忘记后悔、遗憾和不愉快的事情，振作精神，积极投入到下一门的复习、备考当中去。[①]

采用考试中的准备策略有助于降低学生的紧张焦虑情绪，进而提升学生的考试成绩。因此，教师可以考虑将上述策略与方法传授给学生，引导学生在考试中练习应用上述技巧和策略。

五、情绪管理的策略

情绪是一种与生俱来的能力。相关研究指出，个体的情绪如果控制不佳，则会影响外在行为的表现。在教学活动中，教师可以运用情绪管理的策略，来调节学生的不良情绪，培养平和善良的心境。

（一）情绪教育的意义

情绪教育是一种有目的的融入式课程，主要有五大目标：觉察、辨识、表达、同理以及调适。它的主要意义在于使学生能在不同的刺激中，觉察自身的情绪反应，辨识他人的心情变化，理解个体间的差异，认同情绪无对错的原则，学习适切的情绪表达方式，设身处地地理解他人，接纳每个人的情绪，调适自身以积极回应内外在的刺激，从而达成个体内的情绪平衡，以较适切柔和的态度去面对生活。健康的情绪教育能够使学生的情绪变化做到目标适宜、方式适当、反应适度，并以积极情绪为主。尤其要注

---

① 张晓剑、王啸、薛飞豹：《新教师专业成长》，中国海洋大学出版社 2016 年版，第 205~206 页。

意的是，情绪教育不是要设法消除、压抑学生的情绪，而是使学生学会正确表达情绪，合理宣泄情绪，有效调控情绪，保持愉悦的情绪主旋律。[①]

（二）情绪教育的教学目标

在九年一贯课程的能力指标中，详细说明了情绪教育的教学目标（详见表 7-1）。

表 7-1 情绪教育的三分段目标能力指标及其补充说明

能力指标	时间阶段	分段能力指标	补充说明
表达沟通与分享	第一阶段	认识情绪的表达及正确的情绪处理方式	1. 认识每一个人都有喜、怒、哀、乐、惧等不同的情绪感受； 2. 用合理的方法表达需求与感觉； 3. 学习处理情绪的正确方法，分辨令人愉快和不愉快的情绪对个人及他人的影响。
	第二阶段	学习有效的沟通技巧与理性的情绪表达，并认识压力	1. 分析想法对情绪的影响，学习理性的情绪抒发方式； 2. 敏锐地响应他人的需求与感觉； 3. 知道压力的正、负向影响，并能较好的处理压力； 4. 了解同侪压力对行为与健康的影响； 5. 学会运用非暴力策略，如沟通、协商、感情表达等方式解决冲突； 6. 了解情绪、压力与健康之间的关系，并选择合理的问题解决方法； 7. 通过有效的沟通技巧与适宜情绪表达，解决人际互动问题。

[①] 潘海燕、彭兴顺、黄金星：《班主任工作方法与技能》，天津教育出版社 2008 年版，第 115 页。

表达沟通与分享	第三阶段	应用沟通技巧与理性情绪管理方式来增进人际关系	1. 找出情绪不佳的真正原因，如错误的想法、缺乏自信、遭受困境或挫败等； 2. 理性控制与抒发情绪，明白压抑或过度发泄情绪对自己或他人的伤害； 3. 学会正确做决定以及委婉拒绝他人的方法，并且将其应用到情绪冲突情境（校园暴力）中； 4. 愿意打开心扉与别人分享自己的情绪； 5. 理解与练习有效沟通的技巧，并实际应用在与家人、朋友、异性、师长的相处中； 6. 应用协商等技巧来协调亲人、同事等团体成员间的矛盾； 7. 学习在因特网上与他人沟通的优、缺点与注意事项。
	第四阶段	调适人生各阶段生活变动所造成的压力与疾病	1. 了解情绪和压力变化对身体免疫、生殖功能等带来的影响； 2. 运用技巧以调适自己的紧张、压力与冲突； 3. 预测人生各阶段的权利、义务与承担的角色，规划自己的人生； 4. 体会死亡的涵义与生命的可贵，学会面对亲人的死亡，并避免自伤与自杀； 5. 协助遭受伤害、悲痛、灾难等的不幸亲人或朋友度过心理灰暗期； 6. 及时发现身体的异常行为，并采取适当的治疗措施； 7. 通过练习放松肌肉与规律运动以发泄情绪、调适压力； 8. 学会运用法律的手段来解决重大矛盾。

（三）情绪教育的实施方法

情绪教育的实施方法，主要依据教学者的需求、特性和情境来选择不同的教育方法。陈怡莹综合相关的文献，指出情绪教育的实施方法，包括下列几项：

1. 绘本教学

通过绘本的赏析，在潜移默化中让孩子理解主角并产生认同，了解彼此的情绪差异所在，从而让孩子更加认识情绪。

2. 欣赏讨论

通过讨论的方式，让孩子回忆自身的情绪经验，分享情绪的感受与看法，以及讨论各种情绪表达与调节方式，使孩子在主动思考和同伴讨论中学习情绪知识。

3. 活动教学

活动教学通过游戏、戏剧演出、艺术创作等方式来体现适宜的情绪表达方式。通过此类活动，孩子能对他人的情绪进行观察、解释与体验，进一步了解他人的感觉、情绪、态度和想法等重要信息。

4. 情绪反思

教师要求学生在课后进行反省与思考，利用文字将所思所想记录下来，从而帮助学生清楚理解情绪教学的主题意涵，潜移默化中改变不当的情绪表达方式。

（四）情绪教育的教学策略

情绪教育并不是在学生的情绪状况出现问题时，才通过学校辅导教学系统开展实施，而是在平时的教学活动中就有所涉及。情绪教育的内涵通过各学科融入的方式渗透到课程与教学中去，给予学生适当的情绪疏导，教导学生正确面对消极情绪，提供学生良好的情绪管理策略。一般来说，学生的反社会行为大部分来自于情绪控制与管理的不当，教师可以在教学中，通过情绪教育教学的实施，指导学生做好情绪管理与控制工作。

相关研究指出，个体的行为和情绪之间的关系密切。因此，教师可以在综合活动课程中通过干预学生的不当行为，来调节学生的情绪，进而引导学生表现出合适的学习行为。具体来说，教师在实施情绪教育时，可以考虑下列教学原则：第一，请学生分享自己的情绪状况，包括喜、怒、哀、乐等；第二，在班级中进行"最好脾气典范生"的选拔，并请该同学分享如何保持好脾气；第三，利用报刊杂志的"案例"讲解情绪管理的重要性；第四，通过案例教学分析情绪管理的内涵、重要性、原则；第五，实施"好脾气"与"坏脾气"的管理教学活动，引导学生进行情境练习；第六，实施"当我生气时，我会……"以及"当我被冤枉时，我会……"的教学活动，并进行成效检验。

六、阅读学习的策略

苏霍姆林斯基说过："30 年的经验使我深信，学生的智力发展取决于良好的阅读能力。能够在阅读的同时进行思考和在思考的同时进行阅读的学生，就不会在学业上落后。"因此，在实际教学活动中，教师应激发学生的阅读学习兴趣，训练学生科学、有效的阅读学习方法，促使学生逐步形成良好的阅读学习能力，久而久之，养成正确的阅读学习习惯，有效发挥阅读发展智力、丰富心灵的功能。[①] 在阅读策略教学方面，教师可以考虑应用一些技巧，将阅读策略融入班级教学中。

（一）阅读学习的教学策略

阅读是学生在学校学习中最重要的技能，阅读能力的高低与学业成就的多少息息相关。不论是社会科学领域，还是自然科学领域的学习，都需要良好的阅读文本技巧和领悟知识的能力。因此，我们有必要掌握科学的阅读学习策略，通过阅读策略的教学，教师可以引导学生迈向国际世界的舞台，促使学生了解不同世界的生活经验。

学生对阅读材料的理解加深是逐层递进的，具有阶段性。因此，有学者将阅读学习的教学策略进行分阶段解读。加涅（Gagne，1998）基于"读者对文本的阅读理解进度"将阅读教学划分为四个阶段。每个不同的阶段有不同的教学策略要求。第一阶段为"解码（decoding）"，即把印刷或手写的字辨认或识别出来，使之产生意义。第二阶段为"文义理解（literal comprehension）"，在解码过程中，已确认的单字有一部分输入学生大脑

---

① 乔桂英：《阅读方法指导论》，语文出版社 2013 年版，第 18 页。

中，从而激发学生对文本的理解，感知文字的意义。第三阶段为"推论理解（inferential comprehension）"，即提供给读者关于所阅读主题的扩展资料，以期读者对本主题有更深层和更广泛的理解。第四阶段为"理解监控（comprehension monitoring）"，读者设定阅读的计划，并在阅读学习中随时检验目标的完成进度，并适时完善优化原有计划。

海尔曼（Heilman）、布莱尔（Blair）与瑞普莱（Ruplay）等人基于"读者对文本的阅读时间进度"将阅读教学分为了三个阶段，并提出了每个阶段对应的教学策略。第一阶段为阅读前：复习与主题有关的背景知识，调动起连接新旧章节的经验，将新材料与个人经验相联系，讨论主要的文本概念，阅读文章概要以掌握整体思路，浏览文中插图，预测文章内容，设置阅读目标；第二阶段为阅读中：在每阅读完一部分内容后问自己一个问题，重读文中不熟的部分，领悟作者想要表达的情感；第三阶段为阅读后：回答阅读材料附录的问题来检测自己理解的程度，从而优化完善自身的阅读方法。

总之，我们在进行阅读学习时，首先要找出重点，即清楚文章的要旨、主题、结构、关键词等；其次，提取文章的摘要信息，即读者从文章中分辨出重要与不重要的信息，然后整合出一个新的、连贯的、浓缩的文章；再者，深度理解文章内容，此为阅读学习的核心内容，一方面，阅读时积极思考，填补文中省略或遗漏的部分，以推敲所阅读内容的深层意思，另一方面，在阅读的过程中提出问题并试图解答问题，促使自己深度研读理解文本内容。最后要监控阅读成效，完善阅读策略，当感觉自己欠缺某方面知识或者对某一知识点的理解不到位时，应该及时采取修补措施。

（二）阅读学习的策略应用

语言开启人际沟通，阅读打开学习视野。毫无疑问，阅读教学会对学生的学科知识学习产生积极作用，激发学生的阅读动机，满足学生的阅读需求，拓展学生的阅读视野。因此，教师在实际教学中应该考虑将阅读教学融入课堂学习中。

第一，教师在实施阅读教学前，应关注阅读的主体——读者，即学生。教师应该帮助学生认识到先验知识在阅读学习中的重要性，并且引导学生在阅读过程中利用已有知识来学习新的知识。激发学生学习和实践阅读策略的关键在于，让学生体会到实践正确的阅读策略有利于提高学习成效。

第二，教师在实施阅读教学的过程中，应创造积极的课堂氛围。教师应该用有效的提问将学生的注意力集中到掌握资料文本的内容上，并将已掌握的内容与将要阅读到的内容联系起来。通过学生的自我评价和教师评估，指导学生监测和管理自己的学习。学生之间需要经常交流，相互交换自己的想法，"分享式阅读"的开展就是典型的方式。在小组中，与成员分享自己所学到的内容，使学生在一种合作、友好的环境中开展阅读教学。

第三，教师在指导学生开展阅读学习时，应充分关注文本特征。文本特征也就是文本内容的表征形式，主要分为概念词汇和文本风格两部分，其在一定程度上都对阅读学习产生影响。在阅读文本中，往往存在着贯穿全文的概念词汇。概念词汇的理解会影响学生的阅读质量。因此，教师应该选择合适的文本风格，并指导学生掌握阅读不同文本特征材料的技巧。①

七、优化在线学习

在线学习是一种新的学习类型，已经成为学习的重要方式。所谓在线学习，主要是指通过计算机网络进行的一种学习活动。与传统学习形式相比，在线学习有以下三个特征：一是以个体的自主学习和协作学习为主要形式；二是学习资源是网络化的，具有丰富性。三是学习方式更加灵活、机动，

———————————

① 刘翠：《科学阅读与写作》，济南出版社 2016 年版，第 27~28 页。

打破了学习的时空限制，但是在线学习的形式也同时存在诸多问题。笔者对当前在线学习的现状进行了全面调查研究，在调查研究基础上系统分析了影响在线学习质量的各种因素，并提出了改进的对策与建议。

（一）在线学习现状分析

第一，学习动机。学习动机是指促进学生学习活动的内在原因，是激励、指引学生学习的内在动力。构成学习动机的因素主要包括内在兴趣、信念、爱好、情感等。调查中，针对"为什么要继续学习"这一问题，68.5%的人选择"获得文凭、升职称"，14.5%的人认为是为了"提高能力"，10.1%的人选择"加薪"，6.9%的人选择"出于个人兴趣"。由此可见，成人学习者在学习动机上更多的来自于外部动机，而不是内部的学习动机。

第二，学习方法与学习意愿。问卷调查结果表明，35.5%的学员掌握明确有效的学习方法，23.6%的人选择没有自己独特的学习方法。在学习方式上，能经常与老师和同学交流的占41.3%，很少和老师同学交流的有12.5%，12.1%的学员几乎没有与老师和同学进行过交流。在网络资源的利用方面，52.1%的学员非常熟练，23.5%的学员不是很熟练，17.8%的学员一点都不熟练，对此很陌生；在网络学习时间的分配中，56.2%的学员认为上网是为了"查阅信息"，23.7%人选择"游戏消遣"、12.3%的人选择"聊天娱乐"。这表明：大多数成人学习者具备一定的自主学习意愿，能较好地利用网络平台，并加以支配自己的学习时间。

第三，学习的自我监控。为了保证学习的质量，学习者必须对自身的学习活动进行计划、检查、评价、反馈、控制和调节，这些被称为学习监控。在网络学习中，成人学员也需要确定学习目标，制定学习计划，选择学习策略，进行自我测试与评价，并不断根据学习目标修正学习进度和策略。问卷调查显示，在"学习的计划程度"问题上，45.8%的学员有明确计划；28.3%的人有计划，但比较模糊；15.5%的人选择"很少计划"；10.4%的人选择"从来没有计划";在学习进程控制方面,33.6%的人能完全按照计划进行,23.6%的人能基本完成学习计划;23%的人很少完成既定的学习。在学习监控和调节方面,有36.8%的学员能根据情况灵活改变学习方法,23.8%的学员很少改变;13.7%的学员没有考虑学习方法调整的问题。

第四,学习的自我评价。学习的自我评价是指学生根据一定的评价标准和目标,对自我的学习成效进行分析和判断的活动。学习的自我评价实质上是学习主体对自己学习意识和行为的反思和评估。学生自我评价能力和水平也是衡量学生学习质量和水平的重要指标。根据调查,在自我评价的主动性方面,有36.8%的学员每次都会检查和评价自我学习效果;24.6%的学员经常检查自己的学习成效;23.9%的学员很少检查;14.7%的学员从来没有检查。在评价方法方面,37.8%的学员通过形成性考核作业进行归纳和评价,30.9%的学员通过综合练习进行评价,23%的人利用网络考核测试的形式进行评价,6.9%的人通过撰写日志、学习档案记录的方式进行评价,1.4%的人选择通过其他方式来评价。可见,大多数成人学员具备一定的自我评价意识,能利用一定的评价手段对自己的学习进程和学习结果进行评价。

(二)在线学习存在的问题

在信息技术迅速发展背景下,学生在线学习模式日渐流行,已经成为一种重要的学习方式。但在线学习也存在以下诸多问题:

1.被动学习比较明显

在当今信息化时代,中国社会和经济结构正在发生激烈的变革,人们的就业心态也发生了明显的改变。良好的学习质量首先来源于强烈的学习动机和学习意愿。对大多人数来说,学习更多是出于功利主义目的,是为了更好的获得成绩和升学的需要。

就参加调查的在线学习者而言,学习的被动成分非常高,很多是在作业、任务和外在检查强制的情况下完成学习任务的。据我们对 42 位网络学员的访谈反映，相比传统的函授或进修学习而言，更多的学员喜欢在线学习，一些学校开设的网络课程为广大学生提供了更方便、快捷和灵活的学习方式，越来越多的学习者愿意参加在线学习。但是调查显示，不少学员在线学习的积极性不够高，学习内在动机并不强烈，相当多的学员将在线学习看成是一个负担，疲于应付的心态比较明显。很多学员并没有将在线学习看成是一种自主学习过程，很大程度上依然处于被动学习的状态。

2. 线上服务不到位

在线学习多是在线上进行的。网络培训机构给学习者提供学习资源，为学习活动提供指引和服务，对学习进程起着引导、组织、监控和评价功能。调查表明，在"网络培训机构提供资源和服务方面"，13% 的学员表示非常满意，33% 的学员表示基本满意，40.5% 的学员表示不太满意，13.5% 的学员表示非常不满意。学员对培训机构提供的资源与服务不满意主要在于，网络资源不够丰富、比较单一，缺乏吸引力，不能满足不同学员的个性化要求。

在网络教学指导方面，82.8% 的学员认为"教师指导不到位"，学员的问题不能得到很好的解答，师生之间交流比较缺乏。从教学模式看，大多数网络培训机构过于依赖教师自主获取学习资源，进行自主学习；从培训机构的师资力量来看，很多网络培训课程教师整体素质不强，责任心和教学态度有所欠缺，特别是教育技术水平有待提高。

3. 网络教学管理不到位

在新的社会背景特别是网络化社会下，学习理念和教育技术突飞猛进，但是政府目前对网络教育市场的准入和管理还没有统一的具有指导性和约束性的法律法规，教育管理机构还没有建立良好的在线学习的管理机制，不能有效地对在线学习进行有效的管理和引导，这导致我国各类网络培训机构缺乏统一的标准和要求，网络教育定位不准，市场条块分割、各自为政，社会认可度低，没有形成品牌效应。

（二）提高在线学习质量的策略

根据以上对影响在线学习质量因素分析，我们认为，要提高在线学习质量，主要应做好以下三方面工作。

1. 利用各种途径增强学习者的学习动机

学习动机分为内部动机和外部动机。要增强学习者的外部学习动机，首先需要利用各种学习资源，提高其思想认识。譬如，可以邀请一些优秀学生现身说法，与新学员座谈、交流，做好思想辅导工作，树立学习的信心。其次，利用外部强化原则，注重对在线学习结果的反馈和强化。要加强网络教学的作业环节，督促检查学员按自学进度及时完成作业。教师应该及时予以反馈，让学员明确学习结果，从而进一步增强学习的意愿。

要提高在线学习者的学习积极性，还必须重视培养和激发其学习的内在动机，激发学员的认知兴趣或求知欲，调动学员的学习积极性。有学者认为，"认知好奇心"是内在动机的核心，是一种追求外界信息、指向学习活动本身的内驱力，它表现为好奇、探索、操作和掌握行为。人们也把它称之为认知动机。研究表明，人及高等动物都具有认知好奇心，这种好奇心就是人最原始的认知动机。因而，网络教学中，应该根据学员的兴趣、需要安排教学内容，应该让学员对获得知识本身产生浓厚的兴趣。可以想象，对于肩负工作、家庭、学习三副"重担"的成人在职学员而言，要他们去做一件自己毫无兴趣的事情或学习毫无实际需要的知识，他们是很难坚持下去的。因此，网络教学资源、教学内容必须具有针对性、实用性、生动性，能吸引和打动成人学员，能激发和调动其进一步学习的兴趣。

2. 网络教育机构要承担责任，加强对学员的教育与管理

为了提高学员在线学习质量，还需要网络教育机构自身加强对学员的教育与管理。作为教学组织和管理主体，首先必须明确学员的基本信息（姓

名、单位、电话、邮箱等），熟悉每一位学员的基本学习状况。其次，加强对学员的学习指导。要选派责任心强、组织能力强和热心公益的班干部，协助班级管理工作，以便更好地协调、组织全体学员参与到在线学习中，加强学员之间的交流沟通。再次，网络教育机构要注重教学方式的多样化，建立互助式学习方式，促进学员之间的合作学习。作为教学组织者，网络教育机构要充分利用现代网络技术，通过班级 qq 群、班级博客等，组织学员参加讨论，让他们在交流中学习，充分利用学生资源，实现"立体化"、"网络化"的学习状态。

3. 政府和教育行政机构加强监督与管理，提高网络教育质量

要提高网络教育的品质，提高学员在线学习的质量和效率，离不开教育主管部门的管理和监督。首先，政府和相关部门要加强网络教育方面的法律与制度建设，对网络办学机构进行严格的资格认证，对办学的层次、规模进行严格的控制，纠正网络教育机构职责不清、管理随意和标准欠缺的现状。其次，建立严格的成人网络教育质量评估和管理体系。当前成人网络教育管理的质量保障和监控体系还没有建立，教学的标准、考核还缺乏统一的规范，导致网络教育办学质量良莠不齐。在新的信息化背景下，网络教育已经成为一种新的重要的教育形式，教育主管部门也应该相应加强对网络教育质量评估体系和评价体系的研究和探索，以便增强教学管理和监督的科学性、有效性。

第八章　高效学习

　　不同的学者对于学习有不同的论点，例如行为主义学派、认知主义学派、人本主义学派等对于"学习是如何产生的"这一问题，持有不同的论述。一般而言，学习效能是指学习者通过学习知识、研读教材后，所获得的知识、情意与技能，通常由学生的考试成绩或学业测验所获得的分数来表示。学生掌握学习效能的多少既有个人的先天遗传基础，又有后天环境努力的结果。

　　本章的重点在于说明学习效能在教学上的意义，提供教师相关的理论策略，进而增进学生的学习成效。在内容方面，包括强化学生的学习效能、正视学生的学习风格、增强学生的记忆技巧、提升学生的学习自信等单元，从强化学习效能的教学概念出发，提醒教师在教学中重视学生的学习需求、学习风格，引导学生学会如何高效记忆。

一、强化学生的学习效能

　　学习效能即学习自我效能，是指个体对自己顺利完成学业任务的行为能力的信念。[①] 教师在班级教学中，应该预留出充分的时间教导学生进行学习效能方面的学习，以此增强学习自信，激发学习热情。

（一）学习效能的理论

学习效能理论由自我效能感理论衍生出来。自我效能感由美国心理学家阿尔伯特·班杜拉（Albert Bandura）于 1977 年最早提出来，指人们对自己是否能成功地完成某一成就的行为能力的主观判断和推测。[②]

有学者认为，自我效能感会以多种方式影响你的知觉、动机和绩效。当你预期不能产生效果时你不会尝试采取行动或者捕捉机会，当你认为不够充分时你会逃避。甚至当事实上你拥有能力并且存在意愿时，如果你认为自己缺乏某种事情需要的资源，你也不会去采取需要的行动或者不能坚持成功地完成任务。除了根据现实的成绩和表现，人们还依靠以下几个方面的信息来判断自我效能：第一，各种经验：你对其他人表现的观察；第二，说服：别人可能让你确信你能够做一些事情，或者你让自己获得这样的自信；第三，当你考虑或开始某项任务时对你的情绪唤起的监控。例如，焦虑表明较低的自我效能期望，而兴奋则表明较高的自我效能期望。自我效能的判断影响着人们在人生的各种情境下，面临困难时愿意付出多少努力和能够坚持多久。例如，你以多大精力和耐心学习某一内容，相比你的实际能力，可能更多地取决于你的自我效能感。对成功和失败的期望受实际表现的反馈影响，但是，这些期望也可能创造出一个预期的反馈而变成一种自我实现的预言。[③]

之后经过几十年的不断发展，自我效能感理论的研究逐渐深入，变得更加贴近我们的生活、工作和学习。在我们的日常生活中，自我效能感的影

---

① 李志河：《我国高职院校学生学习能力评价及培养研究》，重庆大学出版社 2015 年版，第 5 页。

② 靳玉乐、罗生全：《学业负担论纲》，西南师范大学出版社 2017 年版，第 337 页。

③ 齐港：《社会科学理论模型图典》，经济管理出版社 2012 年版，第 16 页。

响几乎是无处不在的。我们所做的每一件事情都需要用是否有效、是否有用、是否达到了自己最初的目的，以及是否符合自己做事的风格等一些指标来衡量和确认。我们对自己行为的定性或者对自己选择的确立，在很大程度上会受到自我效能感的影响。高水平的自我效能感可以提高我们对行动的自信心，增强我们面对棘手问题的勇气，促使我们所做出的选择能够更加高效地被实施完成。[①]

(二) 学习效能的内涵

学习效能的研究由来已久，学者们对其内涵的定义也各有不同，如张敏等人认为学习效能是指学生对自己学习能力的信念，即对自己能否完成学习任务和进行具体学习活动的能力的主观评估。[②] 张玲也认为学习效能是指学习者对自己学习能力的一种主观评估，是学习者对自己是否有能力完成学习目标和任务的一种自我判定。[③] 袁艳等人则将其内涵扩展到教育功能和教师功能上，并界定为学生对自己学习行为、学习效果以及对教育功能和教师功能的认识与评价。[④]

虽然学者对学习效能的定义各有不同，但均认为其是一种主观评价，而评价的内容主要是对自己学业活动的评价。因而，在现有研究的基础上，我们认为学习效能是指学生个体对自己能否胜任学习任务的主观判断以及对自身学习效果的客观表征，是影响学生学习动机、学业成就的重要指标，是学生学业负担形成的核心要素。[⑤] 其中包括四个维度：第一，学习能量，即学习者的心理动力，如榜样的示范力量等方面；第二，学习能力，如学

① 李志河：《我国高职院校学生学习能力评价及培养研究》，重庆大学出版社 2015 年版，第 59~60 页。
② 张敏：《中学生学习效能感的结构与测量》，《心理科学》2003 年第 26 期，第 717 页。
③ 张玲：《论中学生学习效能感及培养策略》，《西南农业大学学报（社会科学版）》2012 年第 10 期，第 176 页。
④ 袁艳、王红晨：《论学生的学习效能感》，《海南师范学院（人文社会科学版)》2001 年第 14 期，第 118 页。
⑤ 靳玉乐、罗生全：《学业负担论纲》，西南师范大学出版社 2017 年版，第 337 页。

习者的信息处理模式等方面；第三，心理状态，如人际关系建设的能力等方面；第四，学习者自我效能感，即学习者对自己实现特定领域行为目标所需能力的信心或信念。①

当然，学生的学习效能感也不是一成不变的。学习效能感与学生本身的行为有着相互促进和相互影响的作用。较高的学习效能可以促进学生更加高效地完成某些工作，更加有效地对所学习的知识和技能进行理解和掌握；相对的，学生的这些行为的成败也会影响学生本身，是否能够进一步地提高自已的学习效能，学生在自己的学习生活中所积累经验的不同，也会对自己的学习效能产生不同的影响。在经验积累与发挥的过程中，学生本身的情绪、心理状态也与自己的学习效能有着密不可分的关系。学习效能感是一个多维度的概念，不管是水平维度、强度维度还是广度维度，都与个体本身所具备的因素有着高度的相关关系。②

（三）强化学习效能的教学策略

教学与学习相互配合，是提升教学效能与学习效能的最好策略。高学习效能的学生可以熟练运用各种学习策略，巧妙使用策略解决学习困难，降低学习挫折，从而取得加倍的学习效果。教师在班级教学中，应该利用时间教导学生强化"学习效能"，引导学生通过高效能的学习策略帮助学业的圆满完成和知识的深度解读。唯有教师改变教学模式，才能激发学生的学习动机，提升学习效能。

首先，教师应该激发学生的学习动机，调动学生的学习热情。学习动机是学习活动的驱动力量，它可以决定学习方向，增强努力程度，影响学习最终效果。教师应该将培养和激发学生的学习动机视为教学任务的一部分，

① 李志河：《我国高职院校学生学习能力评价及培养研究》，重庆大学出版社 2015 年版，第 5 页。
② 李志河：《我国高职院校学生学习能力评价及培养研究》，重庆大学出版社 2015 年版，第 59~60 页。

在教学生知识的同时培养他们的学习动机，经常引导学生进行立志活动，对于每一次小目标的完成给予一定的奖励，使学生有一个明确的学习方向。其次，教师应该引导学生掌握学习策略，提高问题解决能力。学生由于使用不当的学习策略会导致学习效率过低、学业成就不高。而掌握多样的学习策略可以使学生根据不同的情况进行方法的选择，从而让学习进行得更顺利。当然，学生可以运用所学到的学习策略去解决实际问题，提高理论应用能力，掌握问题解决技能。最后，教师灵活运用教学方法，打破学生的固化思维。一方面，教师可以学习采用他人的优秀教学方法，突破传统的讲授式教学法，另一方面，教师要鼓励学生多用批判性思维去剖析问题，用创新思维去解决问题，并且在评价学生学业成就时采用多元化的方式，避免使用以考试为中心的单一评价手段。在活跃开放的课堂上，学生能够养成科学分析问题的习惯，打破固有的思维定势，习得高效能学习策略。[①]

二、正视学生的学习风格

学习风格是个人在学习中所偏爱使用的信息加工方式。例如，有人喜欢与别人讨论问题，从别人那里得到启示；有人则喜欢自己独立思考。学习风格没有好坏之分。因此，教师要正视学生的学习风格，根据风格的差异采取适切的教学策略。

（一）场独立型与场依存型的学习风格特征

威特金（Herman A. Witkin）于 20 世纪 40 年代在垂直视知觉的一系列研究中，发现了认知方式的个体差异，即场独立型和场依存型的差异。这

---

① 蒲新明、高丹丹、彭素琴：《学生课堂学习效能及策略》，《教育现代化》2017 年 10 月第 41 期，第 104~105 页。

种差异主要表现在人对外部环境（"场"）的不同依赖程度上。场独立型（Field-independent，FI）的人在信息加工中对内在参照有较大的依赖倾向，他们的心理分化水平较高，在加工信息时，主要依据内在标准或内在参照，与人交往时也很少能体察入微。而场依存型（Field-dependent，FD）的人在加工信息时，对外在参照有较大的依赖倾向，他们的心理分化水平较低，处理问题时往往依赖于"场"，与别人交往时较能考虑对方的感受。场独立型与场依存型表现在心理活动的许多方面，在知觉、思维、学习和人际交往等方面都可以看到这种差异。整体说来，场独立型与场依存型没有好、坏之分。①

从学习来看，两种认知方式也显示了不同的特点。在解决需要灵活思维的问题上，场独立型的人有优势，他们善于抓住问题的关键性成分，能灵活地运用已有的知识来解决问题。而场依存型的人在解决熟悉的问题时，不会发生困难，但让他们运用已有的知识去解决没有遇到过的问题时，则难于应付，缺乏灵活性。一些研究还表明，场独立型的学生喜欢学习一般原理，而不喜欢学习一些具体的知识，他们达到概括化的程度比场依存型的学生高，但两者在获得的知识量上没有差异。在学习兴趣和职业兴趣上，两者也表现出明显的差异。②一般而言，场依存型者对人文学科和社会学科更感兴趣；而场独立型者在数学与自然科学方面更为擅长。所以，在学习中，凡是与学生的认知风格相符合的学科，成绩一般会相对好些。但是这种区别不是在学习能力上，而是在学习的过程上。在一项研究中（Schwen，1970），研究者应用了两种内容相同而程序的步子大小不同的教材。在"大步子"教材中，首先呈现该部分的总概括，然后呈现例子和讨论，最后让学习者回答问题，解决问题，在学生解答问题时给予反馈信息；在"小步子"教材中，把"大步子"教材中的每部分分为若干小部分，每一小部分

---

① 彭聃龄：《普通心理学（第四版）》，北京师范大学出版社 2012 年版，第 512~513 页。
② 彭聃龄：《普通心理学（第四版）》，北京师范大学出版社 2012 年版，第 512~513 页。

都有此小部分的概括、例子、讨论及习题，在学生解答问题时同样予以反馈。结果发现，学习者的场依存型差异与他们三个星期后对教材的保持量没有相关，但在大步子程序条件下，场独立型更强的人保持得更多。在另一项研究中（Fleming，1968），研究者给被试呈现按某种次序排列的词单，词单上的词有由种概念到属概念排列的（如：动物、脊椎动物、人），也有由属概念到种概念排列的（如：人、脊椎动物、动物）。词语的系列从开始就有内在的结构，但当排列顺序颠倒时，有助于学习的结构就没有了，需重新组织结构。研究发现，在回忆由种概念到属概念排列的词单时，场依存型和场独立型的被试没有显著差异；但在回忆由属概念到种概念排列的词单时，场依存型的被试回忆得较少。此外，在一项研究中，当研究者事先特别告诉被试要记住这一天的有关事情时，场依存型的人并不比场独立型的人好；但是场依存型的人在回忆任务是偶然发生时，在记住有关物方面的成绩却显著地好于场独立型的人。①

因此，我们可以得知，场独立型与场依存型的学生的学习风格特征有显著差异，关于两者的学习风格特征差异，请参见表 8-1（郝永威等，2011）。

表 8-1　场独立型与场依存型的学习风格特征

学习风格	场独立型	场依存型
特征	从细节上学习教学资料	从整体上把握教材知识
	专注事实本身	将所学知识与个人经验相联系
	很少寻求教师的帮助	经常寻求教师的指导
	仅在课堂上与教师互动	随时随地与教师互动
	喜欢单独工作	偏好团队工作，对他人的话语很敏感
	喜欢竞争	偏好合作
	自己组织知识概念	教师协助整合知识概念

① 陈琦、刘儒德：《当代教育心理学（第2版）》，北京师范大学出版社2007年版，第59页。

（二）场独立型与场依存型的教学策略

两种场定向的学生对不同的教学策略会产生不同的反应。场依存型的人注重学习环境的社会性，并且对于具有社会内容的材料更感兴趣。其他人的出现对他们产生积极的影响，特别是那些他们喜欢的人。场依存型者较易于接受别人的暗示，他们学习的努力程度往往受外来因素的影响，因而场依存型的学生在诱因来自于外部时学得更好；而场独立型者在内在动机作用下学习时，常常会产生更好的学习效果，在数学成绩上的表现尤其明显。并且这两种学生对不同强化的喜爱和反应程度具有很大差异。雷加尔（Real，1974）认为，根据场的定向来鉴别学生会对哪类强化做出反应是有帮助的。瑞兹（Renzi，1974）给两种场定向学生分别提供两种程序教材，教材中的学习任务是画一个"精确的"椭圆。在第一种教材中，当学习者依教材的要求画椭圆时，没有给予反馈；而在第二种教材中，提供了一个精确的椭圆的轮廓纸，学习者可随时检查自己画得是否正确。结果场独立型的学生在两种情况下画得同样好，而场依存型的学生在有反馈时的表现显著地好于无反馈时的表现。上述结果表明，场依存型的人比场独立型的人更需要反馈信息。另外，还有研究表明，场依存型的人比场独立型的人更易受负强化的影响。[①]

可以看出，场独立型与场依存型风格的学生，在学习方面的特征差异较大。因此，教师应该在教学中，依据学生不同的学习风格，考虑采用不同的教学策略，才能满足学生在学习风格上的特性和需要。如果教师忽略学生的学习风格，则教学无法达成预期的目标。有关场独立型与场依存型学习风格的教学策略，请参见表8-2。

---

① 陈琦、刘儒德：《当代教育心理学（第2版）》，北京师范大学出版社2007年版，第59~60页。

表 8-2 场独立型与场依存型的教学策略

学习风格	场独立型	场依存型
教学策略	直接与学习者互动	以肢体或口头等形式与学习者互动
	使用非社交性的鼓励（例如，成绩）	采用社交性的奖励（例如，口头赞扬）
	采用理论直接教授式的教学策略	采用合作学习的策略
	必要时才采用改正性学习反馈	经常采用改正性学习反馈
	布置独立自主完成的作业	布置需要小组合作完成的作业
	允许学习者发表自己的想法	通过提问的方式引导学习者进行思考
	教师承担咨询者、倾听者、协商者与辅助者的角色	教师承担讲授者、监督者、评价者与激励者的角色

（三）正视学生学习风格的教学策略

唯有考虑学生的学习风格，才能在教学设计时面面俱到，推出符合学生需求的优质教学。教师在班级教学中，一方面，应该通过各种方式了解自己的学生，例如采用测验工作、观察记录、师生会谈等方法，了解班上的学生哪些是属于场独立型的学习风格，哪些是属于场依存型的学习风格；另一方面，还应该思考两种风格的学生在学习表现上有什么差异，这些差异对教学有什么意义，如何将这些差异融入教学设计中。

当然，教师基于学生的学习风格改变教学策略时，应该避免不当的刻板印象，或是将自己的价值观强加在教学上，认为自己所"认定的教学"是最好的、最适合的。同时，教师还要避免把学生"视为空瓶子"，将课程与教学知识一股脑地倒进"空瓶子"即可，应该运用自己的专业判断决定最佳的教学策略。例如，教师在接收新班级时，与原班主任沟通了解学生的学习风格；详细阅读班级学生的背景信息，整体把握全班学生的学习情况；利用学习测验工具，核查学生的学习方法、学习策略；经常找学生进行个别会谈；寻找符合班内学生学习风格的教学策略，并将其应用在课堂中；随时检视教学策略的成效，并做相应的记录和改进。教学时，教师应当同时从取长和补短这两个方面利用学生的场定向。一方面，教师应该从入班起就去识别学生的场定向，从而根据他们的认知风格优先匹配教学策略。另一方面，将每个学生的全部技能扩展到超出他们占优势的场定向范围。场独立型儿童可以被指定去参加某些要求具有社会敏感性的任务（如主持一个委员会），而场依存型儿童也可以被指定去进行那些要求应用分析性技能单独完成的工作。①

三、增强学生的记忆技巧

学生必须通过背诵记忆的方式来熟记学科领域的理论知识。所以，教师在教学中常常会强调知识的重要性，强制要求学生将课程重点记下来，但是教师却从未提醒学生应用记忆技巧来帮助理解和掌握知识。因此，本节内容的重点在于提升学生的记忆技巧，增强课堂的教学效果。

（一）记忆的原则

记忆是一种积极、能动的活动。人对外界输入的信息能主动地进行编码，使其成为人脑可以接受的形式。②在记忆过程中，我们可以遵循一定的学习原则来帮助大脑接受外界信息，保存个体经验。

1.记忆要有明确的目的

实践证明，在其它条件相同的情况下，有明确的记忆目的，则记忆力持久且强劲，反之则短暂而微弱。在一个检查记忆力的实验中，把记忆力大致相同的同学分成两组，然后观看一段录像。其中 A 组同学事先得到明确的提示，大都能寻找出录像中有几处错误，而 B 组同学并没有什么明确的

---

① 陈琦、刘儒德：《当代教育心理学（第 2 版）》，北京师范大学出版社 2007 年版，第 60~61 页。

② 彭聃龄：《普通心理学（第四版）》，北京师范大学出版社 2012 年版，第 237 页。

目的，其记忆力明显低于 A 组。

2. 记忆要有浓厚的兴趣

兴趣是增强记忆力的催化剂。一个人对他所感兴趣的信息和对象，会产生高度集中的注意力与观察力，精神上更加亢奋。对地理感兴趣的同学，由于伊拉克战争的吸引，会非常熟悉伊拉克的地图，以及它的地形地貌及周边环境。

3. 记忆要有高度的注意力

只有专心致志，聚精会神，信息和对象才会在大脑皮层中烙上深深的印迹；反之，注意力不集中，无意注意过多，会使人记忆力下降。

4. 记忆要遵循规律，及时复习

记忆与遗忘是对立统一的，人的遗忘是有规律的，表现为最初遗忘得较快，几天后会重新想起来，以后逐渐慢慢地遗忘。因此，在遗忘到来之前，必须及时地复习，以便大大提高记忆的持久性。首先要有简练的复习提纲，依纲复习，"纲举目张"；其次要将及时复习、集中复习、分散复习相结合。

5. 记忆要有良好的心理状态

心理学实验证明，心情舒畅、精神饱满的人，记忆效果就好，反之则差。如何保持良好的心理状态呢？第一要树立正确的人生观、价值观；第二要客观地评估自己和他人；第三要有遭受挫折的心理准备；第四要善于调控和转移注意力；第五要积极参加公益的集体活动。

6. 记忆要有科学的方法

"劈柴不照纹，累死劈柴人"。记忆力的提高，不能够单纯地靠死记硬背。第一是理解基础上的记忆和记忆前提下的理解相统一。感性认识是理性认识的基础，没有记忆，不可能上升到理解。而理性认识比感性认识更可靠、更正确、更深刻，没有理解，记忆就像散沙一样，失去应用的价值。第二是尝试背诵法。尝试背诵应有一个明确的记忆提纲，就像电脑里的目录、路径一样，将知识放在"目录"中，将"目录"融会在知识里，相得益彰，便于知识的提取应用。第三是联想记忆。比如，接近联想法：用相互接近的事物进行联想；相似联想法：用相似的事物联想；对比联想法：由相反事物的一方想到另一方；归类联想法：从同类事物中来联想；因果联想法：从原因想结果或从结果想原因；创新联想法：人为创造一种联系进行的联想。

7. 记忆应遵循的其他原则

首先是学会一种或多种观察能力，敏锐的观察力能够帮助我们记忆。其次要站在对方的立场上考虑问题，在记忆中尤其如此，在充分理解的基础上记忆对象。第三要开发自己的右脑，把记忆对象形象化有助于记忆。第四是掌握歌诀或口诀记忆知识，把互不关联的记忆对象编成歌诀有利于记忆。第五是学会特征记忆技巧，找到记忆对象的特点，辨别出其特征有助于记忆。第六是学会整理和分类，适当地分散记忆（化整为零）有时比集中记忆效果好。第七是充分运用人身体的五官功能，调动身体各器官协同记忆。[①]

（二）时间管理记忆策略

时间管理是指通过事先做好规划的方式，有效灵活运用自己的时间，从而高效完成任务的过程。艾宾浩斯遗忘曲线指出，遗忘在学习之后立即开始，而且遗忘的进程并不是均匀的。最初遗忘速度很快，以后逐渐缓慢。因此，在知识的记忆学习中，我们要学会时间管理，及时花费时间进行温习，尽可能少地遗忘知识。常见的时间管理记忆策略包括以下几个方面：

1. 及时复习策略

由于遗忘的进程是先快后慢，所以要及时复习。及时意味着在遗忘尚未大规模开始前就进行。及时复习可阻止通常在学习后立即发生的急速遗忘。

---

① 萧枫、姜忠喆：《"四特"教育系列丛书：锻炼学生记忆力的智力游戏策划》，吉林出版集团有限责任公司 2012 年版，第 7~9 页。

俄国著名教育学家乌申斯基曾经指出，我们应当"巩固建筑物"，而不要等待去"修补已经崩溃了的建筑物"。复习时间的间隔按照不同的年龄和材料数量可以有所区别，但一般不能超过两天。

2. 合理分配复习时间策略

复习时间分配有两种方式，集中学习和分散学习。连续进行的复习称为集中学习，学习之间间隔一定的时间称为分散学习。实验证明，一般情况下，分散学习比集中学习的效果好。但是，在使用分散复习时，时间间隔长短，要根据材料的性质、数量、识记已经达到的水平确定。一般是"先密后疏"，即在识记后不久的一段时间内，复习的次数要多一些，复习之间时间间隔要短一些。随着知识巩固程度的提高，复习的次数可少一些，时间间隔可长一些。

3. 尝试回忆策略

尝试回忆是在学习时尝试着回忆，不断地自问自答。尝试回忆策略是一种主动的记忆过程，它可以提高学习者的积极性、进取心和探索精神；可以使学习者知道自己记住了哪些内容，哪些内容还需要下工夫去记忆；可以使人在记忆时有的放矢，节省大量的时间。尝试回忆之所以能够提高记忆效率，主要是因为在整个学习过程中，学习者都处于积极的进取状态。每次尝试回忆后，都能及时了解自己的成绩，从而激发进一步学习的动机。尝试回忆策略告诉我们，在识记材料的时候，用全部时间复习，不如用部分时间复习而用另一部分时间尝试背诵的效果好。

4. 过度学习策略

过度学习策略是指在学习达到恰能成诵之后还继续学习一段时间。适当的过度学习是巩固保持、防止遗忘的有效方法之一，特别是对识记需要长期保持或记不牢固就会严重影响下一步学习的基础知识具有重要作用。研究表明，过度学习的量与保持量成正相关，但最佳记忆效果并非与过度学习的量成正比。一般过度学习50%左右效果最佳，一旦超过100%，保持效果便不再随之显著增长，反而逐次降低。[①]

当然，如果想要有效地利用记忆时间管理策略进行记忆和学习，还应该根据自身的情况，实际考虑各种起决定作用的因素。[②]

（三）感官学习记忆策略

外部世界带给我们的感觉信息构成了我们的记忆，我们的三种感官——视觉、听觉、嗅觉是记忆的主要入口。信息被感官获取后，在大脑深处被分析，然后彼此之间建立联系，在与其他信息比较后，被烙上感情的、形态的（地点）和时间的（日期）印迹。因此，学生可以利用感官学习策略帮助实现高效记忆。[③]

1. 视觉学习记忆策略

观看是我们非常熟悉的一项大脑活动，以至我们有时候忘记视觉在记忆过程中扮演着重要角色。信息进入大脑被处理和存储后，就不再依赖语言了。为了解释视觉记忆的运作过程，神经心理学家将视觉记忆（或视觉——空间记忆）同行为记忆进行了比较。视觉记忆能让我们在头脑里"操纵"抽象的图案或路线，而行为记忆则是依靠语言来理解话语的内容和各种视觉信息。事实上，重要的是不要混淆了视觉信息与视觉记忆。视觉记忆大多数都是按照双重编码的原则来处理词语、图案、照片或者真实的事物等视觉信息。在大量实验中，神经心理学家揭示了双重编码的优点，这种编码方式能将形象信息（形态、尺寸、布局）与动作信息组合在一起。在一个实验中，研究人员向志愿者展示了2500多张幻灯片，每10秒钟换一张。然后，将每张幻灯片与一张新的幻灯片混合在一起，要求被测试者指出熟悉的那张，即他们之前看过的那张。结果非常令人吃惊：几天后，90%以

---

① 李红：《公共心理学》，西南师范大学出版社2012年版，第142~143页。

② 左岸：《超级记忆法：世界上最有效的记忆法》，中国商业出版社2016年版，第206页。

③ 鸿雁：《超级记忆术》，吉林文史出版社2017年版，第48页。

上的图片被认出；几个星期后，仍然有很大比例的图片被认出。之后再用10000张幻灯片做类似的实验，同样确认了视觉识别不同寻常的效率。

这足以证明在图像记忆方面我们是天生的行家，尤其是在某一特定方面表现出更高的能力，如记忆面孔、建筑物、风景等。这种能力有时候是训练的结果。[①]因此，学生在运用视觉记忆时，应该将知识概念可视化，想象理论背后的具体形态，抓住事物的主要特点进行记忆。比如，在记忆"花的结构"这一知识时，学生可以借助具体有形的实物——"花"来促进视觉学习的记忆。

2. 听觉学习记忆策略

记忆与听觉之间的关系是复杂的。一方面，听一段音乐或进行一次与音乐有关的实践（如唱歌或演奏乐器）会引起一些感觉（比如兴奋或放松），我们可以回忆当时的情绪来阐释这些感觉，并且从此以后我们会把这些感觉与听到的或自己演奏的音乐联系起来。另一方面，在精神层面，我们大多数人都能够预测一段音乐接下来的部分，"我知道这段之后，铜管将进入交响乐中"或者"节奏将加快，声音将变得更高"。然而，这种才能似乎并不来源于我们受到的音乐教育，而是来自我们从管弦乐中自发得到的感觉"记忆"。

每个人的听觉学习记忆才能都不同，一些人似乎比另一些人更有天分去记住一段旋律或者辨认音色。研究人员从对音乐家的观察中发现，他们是以不同常人的方式听，更确切地说是他们"看"所听到的音符，音符对他们来说就相当于"字"。即使周围存在干扰噪音，职业的或者业余的音乐家都能成功地在意识中保留旋律，而其他人则做不到。在任何情况下，音乐家们都能毫无困难地进行记忆，除非他们同时听到另一段相似的旋律。神经心理学研究表明，歌曲的记忆实际上与歌词和旋律这两个方面内容有联系，尽管对旋律的记忆在时间上更持久。大脑受损的音乐家能够继续从事

---

① 鸿雁：《超级记忆术》，吉林文史出版社2017年版，第49~50页。

音乐活动，但从此再也不能理解歌词或话语。如果一段音乐在记忆中能保存很久，毫无疑问，它一定依靠了与语言信息相关的编码，特别是情感信息。某种声音（亲属的声音、环境里的声音、旋律）与某种情感（是否快乐）联系在一起，会对巩固记忆大有帮助。另外，这样的声音现象不需要以有意识的方式被感知也能永久地被储存，而"普通的"听觉信息（如要记下的电话号码）需要意识的参与，因为它们依赖运作记忆。[①]

因此，学生在上课时，应该专注听讲，随时调动体内的听觉器官。当然，教师可以在课堂上播放音乐，营造听觉学习记忆的良好氛围。

3. 嗅觉学习记忆策略

气味是记忆的"要塞"，特别是当记忆痕迹产生于孩童时。我们每个人在成人后，都有突然想起一件极为久远的事的经历，有时候通过一种香水气味、一个房间或者一个在柜子底下找到的毛绒玩具而引发。大多数的嗅觉记忆都是幸福的，唤起曾经"垂涎欲滴"的生活事件。哲学家加斯顿·巴舍拉（Gaston Bassela）曾说，当记忆"呼吸"的时候，所有的气味都是美好的。

我们在记忆的同时刺激了所有感觉和感情的背景，多个大脑区域参与了嗅觉信息的处理——丘脑、淋巴系统等——烙下了气味的感情价值，聚集了各种感觉信息，因此这些记忆从来都不是纯粹嗅觉的记忆。嗅觉记忆总是处于其他感觉的中心。例如，在吃饭或喝饮料的时候，如果没有通过鼻后腔的嗅觉信息，就会失去许多其他的感知能力。同时，其他感觉反过来也会对嗅觉产生影响。例如，医院的气味会引起难以消化的感觉。一个护士这么描述病人的坏死给她留下的印象，"一小块一小块地吞噬着肌体"。另一个护士回忆说，让人难以忍受的气味"注入"她的衣服和皮肤里。因为嗅觉记忆并不以具体的形式同时出现在我们的记忆与身体的某个部位中，所以似乎很难想象出某种嗅觉记忆。但是，我们也必须承认，嗅觉的特性

---

① 鸿雁：《超级记忆术》，吉林文史出版社 2017 年版，第 51~53 页。

确实在记忆过程中发挥了很大的功用。[①]

因此，在感官学习记忆中，我们要充分调动身体的多项感官，做到口说、眼看、心信、手动、耳闻、脑想，使得心目口手耳脑并用。

（四）记忆术运用策略

记忆无时无刻不在与人们的生活、学习发生着紧密的联系。没有记忆，人就无法生存。历史上，从希腊社会以来，就有一些不可思议的记忆技巧流传下来，这些技巧的使用者能以顺序、倒序或者任意顺序记住数百数千件事物，他们能表演特殊的记忆技巧，能够完整地记住某一个领域的全部知识等等。后来有人称这种特殊的记忆规则为"记忆术"。随着社会的发展，人们逐渐意识到这些方法能使大脑更快、更容易记住一些事物，并且能使记忆保持得更长久。[②] 常见的记忆术策略主要有：

1. 联想记忆法

联想是由一种经验想到另一种经验的活动。根据事物间的接近性、相似性、对立性进行的联想相应分为接近联想、相似联想和对比联想。利用接近联想，从时间上或空间上与回忆目标接近的事物开始回忆，易找到回忆目标。根据相似联想，从形态上或性质上与回忆目标相似的事物开始回忆，有利于搜寻到回忆目标。按照对比联想，从性质上或特点上与回忆目标相反的事物开始搜索，便于发现回忆目标。凡是不能直接回忆的事物，借助以上联想方式可帮助搜索。

2. 自然语言媒介法

自然语言媒介法是指把要记的材料同长时记忆中已有的自然语言的某些成分（如词义、字形，音韵等）相联系以提高记忆的效率。例如，歌诀记忆法，是把材料编成有韵律的顺口溜，像乘法口诀、珠算口诀、二十四节

---

① 鸿雁：《超级记忆术》，吉林文史出版社 2017 年版，第 53~54 页。
② 宿文渊：《思维导图》，汕头大学出版社 2016 年版，第 54~55 页。

气等；谐音记忆法，指根据字与字、词与词的读音相同或相似而赋予识记材料以引人入胜的意义，像化学元素中金属活动顺序为：钾、钙、钠、镁、铝、锰、锌、铁、锡、铅、铜、汞、银、铂、金，可谐音为："加个那美丽的新的锡铅统共一百斤。"

3. 直观形象记忆法

把抽象材料加以形象化、直观化的记忆方法，称之为直观形象记忆法。例如，化学课中的"电子云"的概念比较抽象、难懂。有位老师在教学时，在一个气球上画了许多代表电子的圆点，通过讲授气球胀缩时圆点的密度发生变化而圆点数目不变的道理，讲清了电子云密度变化并不意味着电子数目变化的抽象概念。这种将感性认识与理性认知相结合的记忆法，学生不但容易理解，而且记得很牢。

4. 特征记忆法

特征记忆法是对那些无意义的材料人为地寻找特点来记忆的方法。如马克思诞生于 1818 年 5 月 5 日，可记为两个 18 和两个 5。五四运动爆发于 1919 年，可记为两个 19。明朝灭亡于 1644 年，可记为：后两个 4 相乘等于前两个数（16）。

5. 地点法

地点法是指把要记忆的材料想象为放在自己熟悉地方的不同位置上，回忆时在头脑里对每一个位置逐个进行检索。在一个实验中，考查 40 名大学生和 40 名女服务员记住 7、11、15 种饮料，并将其分送到顾客面前的记忆效率。结果发现，分送 7 种饮料的记忆效率，两组间没有多大差别，分送 11、15 种饮料，女服务员的记忆效率明显高于大学生，原因是女服务员采用了将每种饮料同特殊的面孔和特殊的地点联系起来的方法。

6. PQ4R 法

目前最流行而又取得公认的记忆技术是 PQ4R 法。PQ4R 法的得名是学习时应该遵循的 6 个步骤的英文缩写。第一，预习（Prepare）：涉猎全章学习材料，确定要探讨的一些内容以及作为单元来阅读的各分段，把第二到第五个步骤应用在各分段的学习上；第二，提问（Question）：提出有关各分段的问题，把各分段的标题改为适当的问句。例如，一个分段标题是"信息在头脑中的储存"，可改为"何谓信息在头脑中的储存"或"头脑中的信息是如何进行储存的"等等；第三，阅读（Read）：仔细阅读各分段的内容，尝试回答自己对于分段所拟订的问题；第四，思考（Reflection）：在阅读时思考内容，力图予以理解，想出一些例子，把材料和自己原有的知识联系起来；第五，复述（Repeat）：学完一个分段后，尝试回忆其中所包含的知识，力图回答自己对本分段所提出的问题。如果不能充分回忆，就重新阅读记忆困难的部分；第六，复习（Review）：学完全部材料后，默默回忆其中的要点，再次尝试去回答自己所提出过的各个问题。这种记忆技术由于学习者通过对学习材料进行良好的"主观上的组织"，能够产生良好的记忆效果。①

优质的教学活动需要配合高效能的学习策略。当教师要求学生养成良好学习习惯的同时，也应该提供给学生一定的策略技巧，引导学生提高学习记忆的能力。在教学中，教师应该讲授记忆的基本原则，帮助学生在实际学习活动中应用时间管理策略、感官运用策略、记忆术策略等，从而提升记忆技巧，增强学习效果，达成预期目标。

四、提升学生的学习自信

传统的教学活动，由于过于强调统一的标准和一致的原则，使得学生在教学中经历失败的机会比得到学习成功的机会低。因此，教师应该要变革传统的教学方式，勇于改变自己的教学风格，提供给每一位学生成功的机

---

① 李红：《公共心理学》，西南师范大学出版社 2012 年版，第 143~144 页。

会。当学生面对挫折时，教师宜给予适当的引导，帮助学生将失败的情绪，转为获取成功的动力。

(一) 学习信心来自兴趣和成就感

教师在进行教学设计时，应该想办法让每一位学生对教学活动充满信心，带着轻松的情绪进教室。学生的学习信心，往往来自对教学活动的兴趣，以及学习过程中的成就感。当学生遇到学习挫折或失败时，教师要立即了解学生的问题出现在哪里，是教师的教学目标过高，或是学生的自我期望过低。透过对学生学习情形的了解，改变原先的教学设计，修正预定的教学步调，在教学活动中提供学生学习成功的机会。

(二) 让学生充满信心的要领在于成功的机会

教师教学活动的进行，除了考虑教学目标的达成之外，还应了解教学目标和学习目标之间的差距。当学生出现学习挫折时，教师应以良好的情绪引导学生，缩短教学与学习之间的差距，多看学生的优点，少看学生的缺点。当学生出现考试不佳、心情沮丧时，教师应该给予充分的谅解与适度的宽容，让学生了解失败只是正常的现象。教师可以在后续的教学中，降低教学的要求，引导学生运用正确的方法，以达到成功的经验。例如：在数学的四则运算时，学生如果练习错误，教师可以运用"先乘除后加减"的原则，引导学生慢慢熟悉四则运算的方法。

(三) 想要提高信心就必须降低挫折的经验

优质的教学应该要重视学生的差异性与独特性，给予学生"人人成功的机会"。教师在进行教学时，要充分预测到学生能"学习成功"与"学习失败"的各种可能性，并针对学习成功与学习失败的情形，做各种变通方案的设计。如果教师无法掌握学生学习失败经验的现象，就无法在教学活动进行中随时探明每一位学生的学习情形，对可能出现的课堂状况做出及时有效的反应，不利于精进课堂教学。

（四）让学生充满信心的教学方法

教学活动的进行，需要教师深入了解学生的学习差异，以及差异背后的教学意义。教师想要让学生充满学习信心，可以参考以下方法：

1. 尊重个别的学习情形

由于学习潜能、个别差异、学习经验等的不同，每一位不同的学生，在学科学习方面，就会出现不同的学业成就。教师在教学活动进行时，应该尊重学生个别的学习情形，对于学习成就不佳的学生，应避免给予不当的指责，避免学生产生"习得无助感"的现象。例如：在数学学科的学习方面，当学生表现不佳时，教师应该了解学生的问题出在哪里，是粗心大意、计算方法错误、学科学习知识不足、学科知识结构欠缺，还是其他问题。

2. 充分展示自己的能力

优质的教学活动，应该提供给学生充分展示自己能力的机会。通过能力的展示，可以提升学生的学习信心，了解学生学习的问题所在。例如：自然与生活科技领域的实验教学，可以让学生有发表自己实验经验的机会。这一教学行为，可以了解学生的实验历程，激发学生的学习兴趣，同时能修正学生的迷失概念。

3. 让学生增强学习信心

想要让学生增强信心，教师就必须在学生的学习产生错误时，给予适当的修正机会。在错误修正的过程中，引导学生重拾学习信心、培养学习自主性，锻炼学生独立思考、自主选择、承担责任的能力。例如：数学教学活动中，教师在面对学生回答问题错误时，应允许学生尝试错误，留给学生思考改正的机会，鼓励学生勇敢说出正确答案，从而激发学生对问题的深度思考和正确认知，提高学生的学习自信。

4. 提供学习表达的机会

传统的教学活动，过于偏重"教师为主"的教学形态，忽略"学生为主"的教育模式。随着教育民主化的推进，"以学生为本"的教育理念深入人心，学生的表达自由权逐渐受到教育界的重视。优质的教师教学活动，宜提供学生学习表达的机会，让学生将各学科领域的学习成效，透过各种方式表达出来。通过学习表达，有助于增进学生的学习信心，增加教师修正学生学习错误的机会。

5. 给予修正错误的机会

教师要让学生在教学中，有充分表达的机会，允许学生说错、做错、讲错，同意学生可以重做多次。学生可以修正错误的答案、替换原有的说法、改变之前的做法，并且在学生说错的地方，教师应允许学生重说一遍；学生做错的地方，同意学生重做一遍；学生讲错的地方，准予学生再讲一遍。对于学习困难的学生，教师要比一般学生更有耐心，花费更多时间给予关注，引导学生进行修正、改正错误。

参考文献

著作类：

[美]杜威.民主主义与教育[M].王承绪译.北京：人民教育出版社，2001.

[美]戴维·H.乔纳森.学习环境的理论基础[M].郑太年等译.上海：华东师范大学出社，2002.

[美]戴维·W.约翰逊，罗杰·T.约翰逊.领导合作型学校[M].上海：上海教育出社.2004.

[美]戴维·W.约翰逊，罗杰·T.约翰逊.合作学习[M].北京：北京师范大学出版社，2004.

[美]丹·克莱门特·劳蒂.学校教师的社会学研究[M].饶从满，于兰，单联成等译.北京：人民教育出版社，2011.

[美]马克斯·韦.经济与社会[M].林荣远译.北京：商务印书馆，1998.

[美]斐迪南·滕尼斯.共同体与社会[M].林荣远译.北京：商务印书馆，1999.

[美]肯尼斯·莫尔.课堂教学技巧[M].刘静译.北京：人民教育出版社，

2010：16.

[美] 杜威. 教育中的道德 [M]. 人民教育出版社,1994.

[美] 彼得·圣吉. 第五项修炼——学习型组织的艺术与实务 [M]. 郭进隆译，上海：上海三联书店，1997：271-272.

[美] 帕克·帕尔默，教学勇气——漫步教师心灵 [M] 吴国珍等译，上海：华东师范大学出版社，2014：138.

[日] 佐藤学. 教师的挑战——宁静的课堂革命 [M]. 钟启泉、陈静静译. 上海：华东师范大学出版社，2012：146.

[加] 大卫·杰弗里·史密斯著, 郭洋生译. 全球化与后现代教育学 [M]. 北京：教育科学出版社,2000.

[加] 马科斯·范梅南. 生活体验研究——人文科学视野中得教育学 [M]. 北京：教育科学出版社,2003.

[德] 卡西尔. 人论 [M]. 甘阳，译. 上海：上海译文出版社,1985: 4.

[美] 泰勒. 变化中的教育评价概念 [M].汪世清，苏渭昌，孟鸿伟，译.合肥：安徽教育出版社,1989:26.

[美] 拉尔夫·泰勒. 课程与教学的基本原理 [M]. 施良方，译. 北京：人民教育出版社,1994: 5.

[日] 佐藤学. 学校的挑战——创建学习共同体 [M]. 钟启泉，译. 上海：华东师范大学出版社,2010: 27.

[日] 佐藤学. 静悄悄的革命——创造活动、合作、反思的课程 [M]. 李季湄，译. 长春：长春出版社,2003: 137.

[德] 赫尔巴特. 普通教育学 [M]. 李其龙，译. 北京：人民教育出版社,2015: 33.

[美] 迈克尔·富兰等. 突破 [M]. 孙静萍等,译. 北京：教育科学出版社,2009: 17-18.

[美] 霍华德·加德纳. 多元智能 [M]. 沈致隆,译. 北京：新华出版社,

1999.

[美]布鲁姆.教育评价[M].邱渊,王钢,夏孝川,等译,上海:华东师范大学出版社,1987:5.

[英]休谟.人类理解研究[M].北京:商务印书馆,1997:296.

[美]米尔斯.社会学的想象力[M].陈强,张永强译.北京:生活.读书.新知三联书店,2007.

[美]奥斯本.创造性想象[M].盖莲香,王明利译.广州:广东人民出版社,1987.

张楚廷.教育哲学[M].北京:教育科学出版社,2006.

张楚廷.课程与教学哲学[M].北京:人民教育出版社,2003.

黄济.教育哲学通论[M].太原:山西教育出版社,2005.

石中英.教育哲学导论[M].北京:北京师范大学出版社,2002.

陶行知.中国教育改造[M].东方出版社.1996.

石鸥.教育困惑中的理性追求[M].湖南:湖南师范大学出版社,200s.

郭晓明.课程知识与个体精神自由[M].北京:教育科学出版社,200s.

石中英.知识转型与教育改革[M].北京:教育科学出版社,2001.

吴刚.知识演化与社会控制[M].北京:教育科学出版社,2002.

靖国平.教育的智慧性格——兼论当代知识教育的变革.武汉:湖北教育出版社,2004.

郭思乐.教育走向生本[M].北京:人民教育出版社,tool.

郭思乐.教育激扬生命——再论教育走向生本[M]..北京:人民教育出版社,2007.

项贤明.泛教育论——广义教育学的初步探索[M].太原:山西教育出版社,2000.

靳玉乐,于泽元.后现代主义课程理论[M].北京:人民教育出版社,2005.

朱小蔓.教育的问题与挑战——思想的回应 [M].南京：南京师范大学出版社，2000.

杨小微.全球化进程中的学校变革——一种方法论视角 [M].上海：华东师大出版社，2004.

邹进.现代德国文化教育学 [M].太原：山西教育出版社，1992.

郝德永.课程与文化：一个后现代的检视 [M].北京：教育科学出版社，2002.

郭华.教学社会性之研究 [M].北京：教育科学出版社，2002.

庞维国.自主学习——学与教的原理和策略 [M].上海：华东师范大学出版社，2003.

任长松.探究式学习：学生知识的自主建构 [M].北京：教育科学出版社，200s.

王坦.合作学习导论 [M].北京：教育科学出版社，1994.

陆有桂.现代西方教育哲学 [M].郑州：河南教育出版社，1993.

张瑞琦.中国教育哲学史 [M].济南：山东教育出版社，2001.

桑新民.教育哲学对话 [M].石家庄：河北教育出版社，1996.

陶志琼.新旧之问：教育哲学的嬗变 [M].重庆：重庆出版社，2003.

金生鈜.理解与教育—走向哲学解释学的教育哲学导论 [M].北京：教育科学出版社，2001.

王坤庆.精神与教育：一种教育哲学视角的当代教育反思与建构 [M].上海：上海教育出版，2002.

陈向明.质的研究方法与社会科学研究 [M].北京：教育科学出版社，2000.

裴娣娜.教育研究方法导论 [M].合肥：安徽教育出版社，1995.

联合国教科文组织国际教育发展委员会编著.学会生存——教育世界的今天和明天 [M].北京：教育科学出版社，1996.

联合国教科文组织总部中文科译 . 教育—财富蕴藏其中 [M]. 北京 : 教育科学出版社 .1996.

李政涛 . 表演 : 解读教育活动的新视角 [M]. 北京 : 教育科学出版社，2006.

傅道春 . 教师的成长与发展 [M]. 北京 : 教育科学出版社，2001.

刘铁芳 . 新教育的精神——重温逝去的思想传统 [M].. 上海 : 华东师范大学出版社，2007

刘铁芳 . 追寻有意义的教育——教师职业人生叙事 [M]. 长沙 : 湖南师范大学出版社，2006.

谢维和 . 教育活动的社会学分析——一种教育社会学的研究 [M]. 北京 : 教育科学出版社，2000.

金生鈜 . 规训与教化 [M]. 北京 : 教育科学出版社，2004.

金生鈜 . 教育 : 思想与对话 [M]. 北京 : 教育科学出版社，2005.

金生鈜 . 德性与教化 [M]. 长沙 : 湖南大学出版社，2003.

张春兴 . 教育心理学——三化取向的理论与实践 [M]. 杭州 : 浙江教育出版社，1998.

彭聪龄 . 普通心理学 [M]. 北京 : 北京师范大学出版社，1988.

冯忠良 . 结构化与定向化教学心理学原理 [M]. 北京 : 北京师范大学出版社，1998.

郭本禹主编 . 当代心理学的新进展 [M]. 济南 : 山东教育出版社，2004.

邵瑞珍 . 教育心理学 [M]. 上海 : 上海教育出版社，1997.

高玉祥 . 个性心理学概论 [M]. 西安 : 陕西人民教育出版社，1985.

高玉祥 . 健全人格及其塑造 [M]. 北京 : 北京师范大学出版社，1997.

方俊明 . 认知心理学与人格教育 [M]. 西安 : 陕西师范大学出版社，1990.

李洪玉、何一粟 . 学习能力发展心理学 [M]. 合肥 : 安徽教育出版社，

2004.

　　燕国材 . 中国教育心理思想史 [M]. 济南：山东教育出版社，2004.

　　吴康宁 . 教育社会学 [M]. 北京：人民教育出版社，1998.

　　吴康宁等 . 课堂教学社会学 [M]. 南京：南京师范大学出版社，1999.

　　刘云杉 . 学校生活社会学 [M]. 南京：南京师范大学出版社，2000.

　　倪延年 . 知识传播学 [M]. 南京：南京师范大学出版社，1999.

　　洪成文 . 现代教育知识论 [M]. 太原：山西教育出版社，2001.

　　陶行知全集 (第一卷)[M]. 长沙：湖南教育出版社，1985.

　　高慎英、刘良华 . 有效教学论 [M]. 广州：广东教育出版社，2004.

　　刘文霞著 . 个性教育论 [M]. 呼和浩特：内蒙古大学出版社，1997.

　　沈德立 . 非智力因素的理论与实践 [M]. 北京：教育科学出版社，1997.

　　盛群力、金伟民主编 . 个性优化教育的探索 [M]. 北京：人民教育出版社，
1996.

　　丁钢 . 创新：新世纪的教学使命 [M]. 北京：教育科学出版社，2000.

　　李建国 . 教化与超越——中国道德教育价值取向的历史擅变 [M]. 北京：
中国社会科学出版社，2014.

　　马广海 . 应用社会心理学 [M]. 济南：山东人民出版社，1992.

　　马向真，韩启放 . 社会心理学的原理与方法 [M]. 南京：东南大学出版社，
1997.

　　郑博真 . 协同教学：基本概念、实务与研究 [M]. 高雄：高雄复文图书
出版社，2002：21.

　　王坦 . 合作教学导论 [M]. 山东教育出版社 ,2007: 1.53

　　李德显，杨淑萍 . 日本教师文化研究 [M]. 辽宁大学出版社 ,2008:
173-174.

　　瞿葆奎 . 教育学文集——教育与社会发展 [C]. 北京：人民教育出版社，
1989；555-556.

Banks J A. Teaching literacy for social justice and global citizenship[J]. Language Arts, 2003, 81(1): 18-19.

袁行霈.孟子 [M]. 北京：国家图书馆出版社 , 2017: 408.

彭聃龄.普通心理学 [M]. 北京：北京师范大学出版社 , 2015: 512.

曾天山.教材论 [M]. 南昌：江西教育出版社 , 1997: 8.

全国十二所重点师范大学联合编写.教育学基础（第三版）[M]. 北京：教育科学出版社 , 2014: 317.

胡中锋.教育评价学 [M]. 北京：中国人民大学出版社 ,2015.

瞿葆奎.教育学文集：教学评价 [M]. 北京：人民教育出版社 ,1989:301.

沈承刚.政策学 [M]. 北京：北京经济学院出版社 ,1996:55-59.

吴培源.教学视导——观念、知能与实务 [M]. 台北：心理出版社 ,2005.11.

王玉芹，卢倩一，钱玲.美国 K-12 虚拟时间线网络学习平台应用与启示 [J]. 中国电化教育 ,2016.8.

钟启泉.课程论 [M]. 北京：教育科学出版社 ,2007:257.

韩吉珍.职前教师实践性知识研究 [M]. 山西科学技术出版社，2016.

于泽元.课程变革与学校课程领导 [M]. 重庆：重庆大学出版社，2006.

施良方.课程理论——课程的基础、原理与问题 [M]. 北京：教育科学出版社 , 1996: 133.

曹日昌.普通心理学 [M]. 北京：人民教育出版社 , 1987.

陶行知.陶行知谈教育 [M]. 沈阳：辽宁人民出版社 , 2015: 1-3.

郭淑琴，王燕.普通心理学 [M]. 北京：光明日报出版社 , 1989.

郑宗军.普通心理学 [M]. 济南：山东人民出版社 , 2014.

蔡清田 .50 则非可知不可的课程学概念 [M]. 台北：五南图书出版股份有限公司，2016.

施良方.课程理论——课程的基础、原理与问题 [M]. 北京：教育科学出版社，1996.

黄政杰，李隆盛.乡土教育 [M].台北：汉文书店，1995.

吴 杰.台湾乡土教育历史与模式研究 [M].民族出版社,2013.

袁富善.新时期爱国主义教育理论与实践 [M].广东高等教育出版社,2002.

张诗亚.惑论：教学过程中认知发展突变论 [M].重庆：西南师范大学出版社,1993.

巨瑛梅、刘旭东.当代国外教学理论 [M].北京：教育科学出版社,2004.

林崇德.教育的智慧——写给中小学教师 [M].北京：开明出版社,1999.

期刊论文

盛群力.小组互助合作学习革新评述 [J].外国教育资料,1992(02).

徐继存.课程理解的意义之维 [J].教育研究,2012(12).

吉 标.走向协同教学：课程与教学改革的时代呼唤 [J].课程.教材.教法,2020 (04).

《关于全面深化课程改革落实立德树人根本任务的意见》节选 [J].教育科学论坛,2017(20).

伍红林.论教师的教学想象力 [J].当代教育科学,2020(01).

张春利、李立群.课程资源开发的困境与对策 [J].东北师大学报 (哲学社会科学版),2014(05).

易凌峰.多元教学评价的发展与趋势 [J].课程.教材.教法,1999(11).

傅敏、田慧生.教育叙事研究：本质、特征与方法 [J].教育研究,2008(05).

罗祖兵.教学需要勇气——帕克·帕尔默《教学的勇气——漫步教师心灵》评介 [J].全球教育展望,2009 (09).

裴娣娜.学校教育创新视野下中国基础教育课程改革的实践探索 [J].课程·教材·教法,2011 (02).

刘月霞、马云鹏.课程领导的"困"与"路"——深化基础教育课程改革的思考 [J].中国教育学刊,2015.

田秋华、冯冬雯.教师参与课程改革:核心概念解读 [J].西北师大学报 (社会科学版),2008.

曹培英.试析课程编制过程中的落差——现象学视角 [J].课程·教材·教法,2011

温忠麟.高考选考科目定级计分和校准的若干问题 [J].华东师范大学学报 (教育科学版),2020(6):41.

宋宝和、赵雪.课程标准与考试大纲 [J].中国考试,2016(12).

徐祖胜、兰英.美国教师督导教师评价关系研究 [J].外国教育研究,2007.10.

谢文全.教学视导的意义与原则——并以英国教学视导制度为例 [J].课程与教学,1999.4.

李珀.利用教学视导系统提升教师之教学品质 [J].课程与教学,1999.4 .

吕木琳.教学视导与学校九年一贯课程规划 [J].课程与教学,1999.4.

许馨莹.国民小学教学视导模式、运作机制与视导功能之研究 [J].教育实践与研究,2009.6.

杨振昇.我国教学视导制度之困境与因应 [J].课程与教学,1999.4 .

潘筱芸.论有效教师评监的基础:教学视导 [J].台湾教育评论月刊,2015,2

杨振昇.析论「教学领导」之内涵与前瞻 [J].课程与教学,2002,4.

林志兴.国民小学教学视导之探讨 [J].台湾教育,2010,10.

高佳.美国教学督导理论的变迁和教学督导者的角色转变 [J].教育探索,2013.10.

曾德琪.美国教学督导的历史发展及其作用之演变 [J].四川师范大学学报 (社会科学版),1995.3.

刘文君.美国现行教学督导系统及其特征 [J].比较教育研究,2007.7.

程锦慧 . 我国教育督导制度的建设与发展 [J]. 基础教育课程 ,2019.10.

张涛 . 教学切片分析：一种新的课堂诊断范式 [J]. 教育发展研究，2015（24）：55-60.

魏宏聚 . 教学经验的本质、概念化路径及价值 [J]. 课程教材教法，2017（09）：44-51.

黄宝权 . 走向专业的深度课堂观察 [J]. 现代中小学教育，2017（09）：91-93.

佐藤学 . 静悄悄的革命——课堂改变，学校就会改变 [M]. 李季湄译，北京：教育科学出版社，2014：49.50.

魏宏聚 . 教学切片分析：课堂诊断的新视角 [J]. 教育科学研究，2019（09）.

刘海生、李清臣 . 试析基于教学切片诊断的课堂研究 [J]. 当代教育科学，2015（20）.

魏宏聚 . 中小学课堂教学研究范式分类及适切性判断 [J]. 河南大学学报（社会科学版），2018（04）.

张景雷 . 美国与我国教学督导的差异比较 [J]. 教学与管理 ,2011.12

劳凯声 . 公立学校 200 年 : 问题与变革 [J]. 北京大学教育评论 ,2009.7.

夏黎明 . 乡土定义之分析 [J]. 台东师范学报 ,1988,(1).

吴明清 . 学校生活与乡土教育 [J]. 北县教育 ,1998.

蔡清田、云大维 . 从 SWOTA 分析乡土教育课程发展之研究 [J]. 致远管理学院学报 ,2008,(3):47-82.

夏黎明 . 乡土定义之分析 [J]. 台东师范学报 ,1988,(1).

吴明清 . 学校生活与乡土教育 [J]. 北县教育 ,1998,(23).

邓天德 . 乡土环境教育 [J]. 国教月刊 ,1993,(3).

陈平 . 多元文化的冲突与融合 [J]. 东北师大学报 ,2004(01).

张金磊、张宝辉 . 游戏化学习理念在翻转课堂教学中的应用 [J]. 远程教

育研究 ,2013(1):71-78.

田爱丽、吴志宏 . 翻转课堂的特征及有效实施——以理科教学为例 [J]. 中国教育学刊，2014(8).

张克永等 . 网络碎片化学习中的认知障碍问题研究 [J]. 现代教育技术 , 2015(2).

赵兴龙 . 翻转教学的先进性与局限性 [J]. 中国教育学刊 ,2013(4).

王坦 . 关于教学概念的思考 [J]. 教学评论 ,1998(2).

林佳蓉 . 翻转学习的迷思与成功关键探讨 [J]. 教育研究学刊 ,2016(1).

辛继湘 . 当教学进入技术时代：局限与超越 [J]. 教育科学研究 ,2007(9).

杨岭 . 超越技能的文化表征——体育教学的文化品格追寻 [J]. 教育研究 ,2014(10).

英文部分

Abrami, P., Chambers, B., Poulsen, C., DeSimone, C., Apollonia, s., & Howden, J. (1995). Cassroom connections: Understanding and using cooperaive learning. N.Y.: Harcourt Brace & Company.

Alden, D. (1999, Spring), Experience with scripted role play in environmental economics. Journal of Economic Education. 127-132.

Augarde, T. (1984). The Oxford guide to word games. New York: Oxford University Press.

Aronson, E., Blaney, N., Stephan, C., Sikes, J., & Snapp, M. (1978). The Jigsaw classroom. Beverly Hills, CA: Sage.

Bandura, A. (1986). Social foundations of thought and action: A social cognitive theory. Englewood Clifts, NJ: Prentice Hall.

Barab, S. & Duffy, T. (2000). From practice fields to communities of practice. In D. H. Jonassen & S. M. Land (Eds.), Theoretical.

Cifford, C. & Mullaney, J.(1997). From rhetoric to reality: Applying the communication standards to the classroom. Paper presented at the Northeast conference on the teaching of foreign language.(ERIC Reproduction Service No. ED421880).

Giovannelli, M. (2003). Relationship between reflective disposition toward teaching and effective teaching. The Journal of Educational Research. 96(5). 293-309.

Gladding, S. (1995). Group work: A counseling specialty. (2nd ed.). Englewood Cliffs, N. J.: Prentice Hall.

Good, T. & Brophy, J. (1995). Contemporary educational psychology. (5th ed.). New York: Longman Publishers.

Good, T. & Brophy, J. (2000). Looking in classroom. (8th ed.) New York: Longman Publishers.

Gredler, M. (1996). Educational games and simulations: A technology in search of a paradigm. In D. Jonassen, (ed.). Handbook of research for educational communications and technology. New York: Macmillan.

Greenwood, C., Delquadri, J., & Hall, R. (1989). The longitudinal effects of class-wide peer tutoring. Journal of Educational Psychology. 81. 371-383.

Grinder, M. (1991). Riding the information conveyor belt. Portland, OR: Metamorphus Press.

Heinich, R., Molenda, M., & Russell, J. (1993). Instructional media and the new technologies of instruction. (4th ed.). N.Y.: Macmillan Publishing Company.

Henderson, J. (1996). Reflective teaching: The study of your foundations of learning environments (pp. 25-55). Mahwah, NJ: Lawrence Erlbaum Associates.

Bay, J., Reys, R., Simms, K., & Taylor, P. (2000). Bingo games: Turning student intuitions into investigations in probability and number sense. The Mathematics Teacher. 93(3). 200-210.

Becker, S. (1978). Learning contracts: Helping adults educate themselves. Training. 15(4). 57-61.

Bingen, M. (1997). Exhibitions of mastery: The tail that wags the dog. English Journal. 86(1). 32-36.

Bookman, R. (1988). Rousing the creative spirit. Training and Development. 42(11). 67-71.

Borcher, G., Hallman, J., & Clemens, E. (1994, December). The crossword puzzle as a teaching examination tool. The Agricultural Education Magazine. 67. 19-21.

Borja, R. (2003). Back in time. Education Week. 23(3). 3.

Boud, D., Cohen, R., & Sampson, J. (2001). Peer learning in higher education: Learning from and with each other. (Eds.). London, UK: Kogan Page Ltd.

Brooks, A., Todd, A., Tofflemoyer, S., & Horner, R. (2003). Use of functional assesssment and a self-management system to increase academic engagement and work completion, Journal of Positive Behavior Interventions. 5(3). 144-152.

Brown, A. (1978). Knowing when, where, and how to remember: A problem of metacognition. In R. Glaser (Ed.), Advances in instructional psychology (Vol. 1, pp. 77-166). Hillsdale, NJ: Lawrence Erlbaum Associates.

sociological concepts. Teaching Sociology. 24. 231-235.

Ciardiello, A. (1998). Did you ask a good question today? Alternative cognitive and metacognitive strategies. Journal of Adolescent & Adult Literacy.42(3). 210-219.

Collins, A. (1988). Cognitive apprenticeship and instructional technology (Technical Report 6899), Cambridge, MA.: BBN Labs Inc.

Crawford, R. (1954). The techniques of creative thinking. New York: Hawthorn.

Crooks, T. (1988). The impact of classroom evaluation on students. Review of

Educational Research. 58(4). 438-81.

Cruickshank, D., Bainer, D., & Metcalf, K. (1995). The act of teaching. New York: McGraw-Hill Inc.

Cummins, J. (1986). Empowering minority students: A framework for intervention. Harvard Educational Review: 56. 18-36.

Desoete, A., Roeyers, H., & Buysse, A. (2001). Metacognition and mathematical problem solving in grade 3. Journal of Learning. 34(5). 435-449.

Dick, W. & Carey, L. (1996). The systematic design of instruction. New York: Harper Collins College Publishers.

Dinham, S. & Stritter, F. (1986). Research on professional education. In M. Wittrock (ed.). Handbook of research on teaching. (3rd ed.). New York: Macmillan.

Dueck, G. (1993). Picture peer partner learning: Students learning from and with each other. Instructional strategies series No. 10. Saskatoon: Saskatchewan Professional Development Unit.

Johnson, D., & Johnson, F. (1991). Joining together: Group theory and group skills. (4th ed). Englewood Cliffs, NJ: Prentice Hall.

Johnson, D., & Johnson, R. (1999). Learning together and alone: Cooperative, competitive, and individualistic learning Boston: Allyn and Bacon.

Johnson, D., Johnson, R., & Holubec, E. (1990). Circles of learning: cooperation in the classroom. (3rd ed.). Edina, Minnesota: Interaction Book Company.

Dick, W. & Carey, L. (1996). The systematic design of instruction. New York: Harper Collins College Publishers.

Dinham, S. & Stritter, F. (1986). Research on professional education. In M. Wittrock (ed.). Handbook of research on teaching. (3rd ed.). New York: Macmillan.

Dueck, G. (1993). Picture peer partner learning: Students learning from and with each other. Instructional strategies series No. 10. Saskatoon: Saskatchewan

Professional Development Unit.

Johnson, D., & Johnson, F. (1991). Joining together: Group theory and group skills. (4th ed). Englewood Cliffs, NJ: Prentice Hall.

Johnson, D., & Johnson, R. (1999). Learning together and alone: Cooperative, competitive, and individualistic learning Boston: Allyn and Bacon.

Johnson, D., Johnson, R., & Holubec, E. (1990). Circles of learning: cooperation in the classroom. (3rd ed.). Edina, Minnesota: Interaction Book Company.

Johnson, D., Johnson, R., & Smith, K. (1991). Active learning: Cooperation in the college classroom. Edina, MN: Interaction Book Company.

Joyce, B. Weil, M. & Calhoun, E. (2000). Models of teaching. (6th ed.). Needham Heights, MA: Allyn and Bacon.

Keller, J., & Kopp, T. (1987). An application of the ARCS model of motivational design. In Reigeluth, C. (Ed.). Instructional theories in action: Lessons illustrating selected theories and

models. Hillsdale, New Jersey: Lawrence Erlbaum Associates.

Kim, Y. (2003). Necessary social skills related to peer acceptance. Childhood Education. 79(4). 234-238.

Kindvatter, R., Wilen, W., & Ishler, M. (1988). Dynamics of effective teaching. New York: Longman Publisher.

King, A. (1990). Reciprocal peer questioning: A strategy for teaching students how to learn through lectures. The Clearing House. 64. 131-135.

Knight, S. (1999). NLP solutions. London: Nicholas Brealy conceptual learning. Training and Development Journal. 37(5). 72-77.

Martin, J., Mithaug, D., Cox, P., Peterson, L., Van Dycke, J., & Cash, M. (2003). Increasing self-determination: Teaching students to plan, work, evaluate, and adjust. Exceptional Children. 69(4). 431-447.

Maslow, A. (1968). Toward a psychology of being. New York: Litton Educational Publishing.

Mayer, R. & Wittrock, M. (1996). Problem-solving transfer. In D. Berliner & R. Calfee (Eds.). Handbook of educational psychology. New York: Macmillan.

McKeachie, W. (1986). Teaching tips: A guidebook for the beginning college teacher. Boston: D.C. Heath.

McNerney, D. (1994). The "facts of life" for teambuilding. HR Focus. 71(12). 12-13.

Menke, D. & Pressley, M. (1994). Elaborative interrogation: Using "Why" questions to enhance the learning from text. Journal of reading. 37(8). 642-645.

Mithaug, D. K., & Mithaug, D. E. (2003). Effects of teacher-directed versus student-directed instruction on the self-management of young children with disabilities. Journal of Applied Behavior Analysis. 36. 133-136.

Muskingum College. (1998). Reciprocal Questioning, Question to Increase Understanding and Reflective Questioning. Center for Advancement Learning: Learning Strategies Database [online].Available: http://fates.cns.muskingum. edu/~cal/database/question1.html (03/21/2003).

Narasimhan, K. (1997). Improving teaching and learning: the perceptions minus expectations gap analysis approach. Training for Quality.5(3). 121-131.

National Council of Teachers of Mathematics. (2000). Principles and standards for school mathematics. Reston, VA: Author.

Newble, D., & Cannon, R. (1995). A handbook for teachers in universities & colleges: A guide to improving teaching methods. (3rd ed.). London: Kogan Page.

Newmann, F. (1981). Reducing student alienation in high schools: Implications of theory. Harvard Educational Review. 51(4). 546-564.

Oliff, H. (2001). Time capsules create a lifetime of learning. The Education

Digest. 67(3). 62-66.

Omotani, B., & Omotani, L. (1996). Why don't we ask the clients? Student's input toward a complete picture of teaching. National Association of Secondary School Principals Bulletin. 80(577). 112-114.

Panasuk, R. & LeBaron, J. (1999) Student feedback: A tool for improving instruction in graduate education. Education. 120. 356-368.

Penick, J., Crow, L., & Bonnstertter, R. (1996). Questions are the answers. Science teacher. 63(1). 26-29.

Pike, R. (1989). Creative training techniques handbook. Minneapolis, MN: Lakewood Books.

Pollio, H. (1984). What students think about and do in college lecture classes. Teaching-learning issues No. 53. Knoxville: Learning research center, University of Tennessee.

Poston, I. (1998). Crossword puzzles: Adjunct clinical teaching strategy. Journal of Nursing Education. 37(6). 266-267.

Putnam, J. (1993). Cooperative learning and strategies for inclusion: Celebrating diversity in the classroom. Baltimore, MD: Paul H. Brookes Publishing Co.

Qin, Z., Johnson, D., & Johnson, R. (1995). Cooperative versus competitive efforts and problem solving. Review of Educational Research. 65(2). 129-143.

Raffini, J. (1996). 150 ways to increase intrinsic motivation in the classroom. Needham Heights, MA: Allyn and Bacon.

Reeve, J. (1996). Motivating others: Nurturing inner motivational resources. Needham Heights, MA: Allyn and Bacon.

Reigeluth, C. (1983). Instructional design theories and methods: An overview for their current status. Hillsdale, N. J.: Lawrence Erlbaum Associates.

Richard, H., Rogers, R., Ellis, N., & Beidleman, W. (1988). Some retention, but not enough. Teaching of Psychology. 15. 151-152.

Rose, T. (1999, January). Middle school teachers: Using individualized instruction strategies. Intervention in School and Clinic. 137-142.

Ruben, B. (1999). Simulations, games, and experience-based learning: The quest for a new paradigm for teaching and learning. Simulation & Gaming. 30(4). 498-505.

Ruhl, K. Hughes, C., & Schloss, P. (1987). Using the pause procedure to enhance lecture recall. Teacher Education and Special Education. 10(1). 14-18.

Rutgers, A. & King, A. (1999). Cognitive perspectives on peer learning. (ed.). Mahwah, NJ: Lawrence Erlbaum.

Salomon, G., Globerson, T., & Guttermnan, E. (1989). The computer as a zone of proximal development: Internalizing reading-related metacognition from a reading partner. Journal of Educational Psychology. 81. 620-627.

Schroeder, C. (1993, September-October). New students - new learning styles. Change. 21-26.

Shambaugh, N., & Magliaro, S. (2001). A reflexive model for teaching instructional design. Educational Technology, Research and Development. 49(2). 69-92.

Shulman, L. (1986). Those who understand: Knowledge growth in teaching. Educational Researcher. 15(2). 4-14.

Sigel, I. (1990). What teachers need to know about human development. In Dill & Associates (eds.). What teachers need to know: The knowledge, skills, and values essential to good

teaching. San Francisco: Jossey-Bass.

Silberman, M. (1996). Active learning: 101 strategies to teach any subject. Needham Heights, MA: Allyn and Bacon.

Slavin, R. (1995). Cooperative learning: theory, research, and practice. (2nd ed.). Needham Heights, MA: Allyn and Bacon.

Slavin, R. (1996). Research on cooperative learning and achievement: What we know, what we need to know. Contemporary Educational Psychology. 21. 43-69.

Slavin, R. (1997). Educational psychology: Theory and practice. (5th ed.). Needham Heights, MA: Allyn and Bacon.

Stein, D. (1998). Situated learning in adult education. (ERIC Document Reproduction Service No. ED 418 250). .

Sternberger, C. (1995). Adult teaching strategies. Adult Learning. 6(Mar/Apr). 12-13.

Utley, C., Reddy, S., & Delquadri, J., (2001). Classwide peer tutoring: An effective teaching procedure for facilitating the acquisition of health education and safety facts with students

with developmental disabilities. Education & Treatment of Children. 24(1).

Villegas, A. (1991). Culturally responsive pedagogy for the 1990s and beyond. Princeton, N.J.: Educational Testing Service.

Walker, J. & King, P. (2003). Concept mapping as a form of student assessment and instruction in the domain of bioengineering. Journal of Engineering Education. 92(2). 167-179.

Wandersee, J. (1990). Concept mapping and the cartography of cognition. Journal of Research in Science Teaching. 27(10). 923-936.

Watkins, K., & Marsick, V. (1993). Sculpting the learning organization: Lessons in the art and science of systemnic change. San Francisco: Jossey-Bass.

Weinstein, C., & Meyer, R. (1986). The teaching of learning strategies, In Wittrock, M. C. (ed.), Handbook of research on teaching. (3rd ed.). New York: Macmillan.

Whitman, N. (1988). Peer teaching: To teach is to learn twice.